Quero confiar, mas não consigo

Perseverando enquanto há medo no relacionamento com Deus, com o próximo e consigo

Lysa TerKeurst

Quero confiar, mas não consigo

Perseverando enquanto há medo no relacionamento com Deus, com o próximo e consigo

Thomas Nelson Brasil®

Título original: *I want to trust you, but I don't.*

As citações bíblicas são da Nova Versão Internacional (NVI), a menos que seja especificada outra versão da Bíblia Sagrada.

Tradução	Thais Pereira Gomes
Preparação	Marinara Faria
Revisão	Vitória Fagundes e Emanuelle Malecka
Diagramação	Patrícia Lino
Design de capa	Débora Grazola

Dados Internacionais de Catalogação na Publicação (CIP)
(BENITEZ Catalogação Ass. Editorial, MS, Brasil)

T326q
1. ed. TerKeurst, Lysa
Quero confiar, mas não consigo : perseverando enquanto há medo no relacionamento com Deus, com o próximo e consigo / Lysa TerKeurst ; tradução Thaís Gomes. – 1.ed. – Rio de Janeiro : Thomas Nelson Brasil, 2025.

288 p. ; 13,5 x 20,8 cm.

Título original: I want to trust you but I don't: moving forward while you're skeptical of others, afraid of what God will allow and doubtful of your own discernment.

ISBN 978-65-5217-368-3

1. Autoajuda – Aspectos religiosos – Cristianismo.
2. Devoção a Deus. 3. Espiritualidade – Cristianismo.
4. Mulheres – Aspectos religiosos – Cristianismo.
5. Relações humanas. I. Gomes, Thaís. II. Título.

10-2025/49 CDD-230

Índice para catálogo sistemático:
1. Relações humanas : Confiança : Cristianismo 230

Bibliotecária responsável:
Aline Graziele Benitez – Bibliotecária - CRB-1/3129

Rua da Quitanda, 86, sala 601A - Centro,
Rio de Janeiro/RJ - CEP 20091-005
Tel.: (21) 3175-1030
www.thomasnelson.com.br

Para Chaz.

Você me
ajudou a ver
que é possível
confiar.

Amo você.

Sumário

A confiança
quebrada
compromete
tudo o que há de
reconfortante
no amor.

Introdução

Hoje o medo fala mais alto

Eu quero confiar em você, mas não confio.

Quero acreditar que deseja o melhor para mim, assim como eu desejo para você. Quero acreditar que você não tem segundas intenções, motivações completamente egoístas ou algo acontecendo nos bastidores que me deixaria arrasada se eu soubesse.

Quero acreditar que as coisas boas que sinto hoje quando é gentil comigo continuarão a me dar alegria, e não tristeza, daqui a um mês. Daqui a um ano. Quero acreditar que você me contou tudo e que, mais tarde, não descobrirei coisas que me farão chorar e sentir o peso brutal do arrependimento. Quero acreditar que não vou ficar deitada na cama chorando por causa dos sinais de alerta que não vi ou escolhi não ver.

Quero acreditar que você não está inventando uma história sobre mim e sobre nós que não corresponde aos fatos. Quero acreditar que você sabe discernir o certo do errado, que é sábio, que posso contar com você, que não vai me machucar. Quero acreditar que você não vai me apunhalar pelas costas. Quero acreditar que é honesto, bom, justo, temente a Deus, gentil e responsável o suficiente para fazer as coisas certas e pensar nas coisas certas.

Quero acreditar que seu amor é sincero e que você realmente se importa comigo.

Quero acreditar que o nosso relacionamento será leve, e não caótico.

Quero acreditar que me sentirei sábia, e não idiota, por confiar em você.

Quero acreditar que sempre amarei contar a história de como nos conhecemos e ficamos tão próximos há tanto tempo.

Quero acreditar que estou segura ao seu lado e que você realmente é a pessoa certa para mim.

Quero acreditar que ficarei bem se confiar em você.

Mas estou com medo.

Já me machuquei antes. Muitas vezes.

Tenho medo de errar outra vez.

Eu me sinto insegura.

Minha ansiedade me diz para fugir. Mas será que devo construir minha vida em cima de ansiedade?

Esses problemas de confiança são gatilhos de dores passadas ou são sinais de alerta verdadeiros?

Quero ficar bem. Quero que fiquemos bem.

Mas tenho medo de que os riscos sejam altos demais.

Meu coração diz que amo você, mas meu medo diz que não é seguro.

E hoje o medo fala mais alto.

É por isso que quero confiar em você, mas não confio.

Então, me deito e me encolho na cama. Eu não sei se choro ou se seguro essa angústia e fico olhando fixamente para a parede.

Quero garantir que meus relacionamentos próximos sejam seguros, honestos e estáveis. Mas nem sempre conseguimos o que queremos. Conseguimos o que conseguimos.

Será que só eu passei por isso, ou você também? Essa confusão me fez pensar que eu precisava lidar com minha confiança destruída. Se você conhece minha história, não preciso lembrá-la de tudo o que aconteceu e que me fez sentir boba por dar às pessoas acesso às partes mais vulneráveis do meu coração. Mas, se não conhece, vou resumir para você.

Términos de amizades. Pessoas queridas que não me apoiaram. Várias traições, profundamente dolorosas, que mudaram minha vida. Mentiras. Manipulação psicológica. Sensação de estar ficando louca. Descobertas chocantes uma atrás da outra. A morte do meu casamento. Outros términos de amizades. Tempo gasto sofrendo. Gratidão por alguns relacionamentos perdidos que foram reparados e restaurados. Luto por relacionamentos que nunca mais serão os mesmos. Lutas para saber em quem posso confiar e em quem não. Oscilações entre ser confiante demais e desconfiar de, praticamente, todo mundo.

Foi exaustivo. Mas eu queria seguir em frente e continuar minha vida. O problema é que ficar sozinha na tranquilidade da minha casa se tornou muito mais atraente do que abrir a porta, seguir a vida e tentar descobrir como confiar novamente, apesar de quase todo mundo parecer não ser confiável. Um alerta irritante continuava a soar na minha mente, como um detector de fumaça com bateria fraca. Não era um alarme forte, mas o bipe estridente era algo que eu não conseguia simplesmente ignorar. Mesmo quando eu me forçava a parecer bem na frente dos outros, o diálogo dentro da minha cabeça continuava soando o alarme: *As coisas não estão normais. As pessoas não são boas. Está arriscando muito ao confiar em quem você pensa que a ama. Quando se sentir segura o suficiente para se abrir um pouco, elas vão machucar você. Todos têm segredos. Cedo ou tarde, todos vão decepcionar e trair você. Não dá para confiar em ninguém.*

Aqueles pensamentos se transformaram em ceticismo e, aos poucos, em um sistema de crenças desequilibrado. Filtrar tudo e todos através da minha dor estava me transformando em alguém que eu nunca tinha sido antes de ser tão profundamente afetada por minha confiança quebrada. Eu não confiava nas reais intenções dos outros, e comecei a, mentalmente, preencher as lacunas das incertezas relacionais com minha crescente suspeita.

Você já se pegou imaginando o verdadeiro motivo de sua amiga ter parecido distante da última vez que se viram? Ou tentou descobrir se alguém da família estava dando indiretas, dizendo uma coisa quando você tinha certeza de que queria dizer outra? Ou, depois de ter uma sensação estranha em relação a um colega de trabalho, começou a fazer suposições sobre ele e acusá-lo em pensamento de fazer algo que pudesse colocar o seu emprego em risco? Ou questionou quanta liberdade você, como chefe, deu a um funcionário que aparenta estar dando o mínimo de si, sem trabalhar todas as horas pelas quais você está pagando?

Às vezes, o que estamos sentindo é certeiro e nos ajuda a enxergar algo que precisa ser revolvido. Porém, outras vezes, não temos motivo para estar imaginando coisas sobre os outros. Não queremos tirar conclusões erradas, mas também não sabemos o que fazer. Esse tipo de ginástica mental é exaustivo e nos faz reter o melhor de quem somos por medo de nos machucarmos. Era exatamente isso que estava acontecendo comigo.

Contudo, o que me incomodava não era apenas que outras pessoas estavam fazendo meus problemas de confiança baterem recordes históricos, mas o fato de eu também estar questionando a mim mesma.

Afinal, eu era aquela pessoa que pensava o melhor de todos, crendo que queriam o melhor para mim. Era fácil confiar nos outros. E, nas poucas situações em que eu me sentia assustada ou não tão segura, logo me acalmava ao lembrar que minha percepção costumava ser certeira, que eu era capaz de detectar quando algo estava indo para o lado errado.

Mas, então, depois de anos avaliando corretamente as situações, comecei a ser atingida por descobertas chocantes e fiquei perplexa com o número de coisas que eu não tinha visto, com o número de vezes em que eu havia dado às pessoas o benefício da dúvida quando não deveria. O que tinha acontecido com minha capacidade de perceber quando algo estava errado?

Agora, eu não sabia se podia confiar no meu discernimento, algo que eu sempre vi como um presente de Deus. Inclusive, comecei a duvidar se podia confiar plenamente em Deus. Perdi a paixão por ler a Bíblia, ir à igreja e ouvir louvores. Por dentro, eu questionava como um Deus bom podia ver as coisas ruins que aconteceram pelas minhas costas sem fazer nada para impedi-las. Ele poderia, pelo menos, ter me ajudado a descobrir tudo antes que as coisas ficassem tão ruins quanto ficaram.

Não gosto de admitir, mas me senti traída por Deus. Ele permitiu tantas coisas que eu não entendi. A meu ver, muita dor poderia ter sido evitada se ele tivesse intervindo, como eu esperava de um Deus bom. O mais confuso de tudo era que meu sofrimento parecia interminável, ao passo que as pessoas que me machucaram continuavam a fazer escolhas que não honravam a Deus, e tudo parecia bem com elas.

Todo o meu ceticismo e dúvida sobre as pessoas ao meu redor, sobre meu discernimento e sobre Deus estavam me transformando em alguém que eu nem reconhecia, em alguém que eu não queria ser. Eu não queria desistir de todos os meus relacionamentos, mas também não sabia como seguir em frente sabendo que poderia me machucar de novo. Confiar parecia uma brincadeira de mau gosto com riscos muito grandes.

Mas a vida exige que confiemos.

Quando minha filha teve um bebê, uma enfermeira sábia nos disse: "A confiança é o oxigênio de todos os relacionamentos". Um relacionamento sem confiança não tem vulnerabilidade nem profundidade. Um relacionamento sem confiança não tem o amor que fomos feitas para dar e receber. Um relacionamento sem confiança não tem emoção e, em breve, sequer terá vida.

E não estou falando apenas de amor romântico. Estou falando de todos os relacionamentos em que desejamos uma conexão profunda, segura e duradoura. Quando sinto esse tipo de ligação com uma amiga próxima ou alguém querido, sinto-me em casa. Esse relacionamento se torna um refúgio e me faz imaginar como será o céu.

Gênesis 2:25 diz que: "O homem e sua mulher viviam nus, e não sentiam vergonha". Essa ausência de vergonha significa que eles eram íntegros e sem pecado. Eles se viam em sua forma nua e aceitavam plenamente o presente que eram um para o outro, sem medo algum. No entanto, deste lado da eternidade, o pecado fez com que esse tipo de inocência e pureza fosse corrompido. E, então, o que fazer?

O que fazer quando uma mulher se sente obrigada a confiar, mas simplesmente não consegue? O que fazer quando uma professora de escola dominical, que os outros esperam que seja firme e inabalável, sente-se sobrecarregada de confusão sobre Deus, os outros e ela mesma?

Passar por tudo isso é um processo parecido com correr por cima de areia movediça: quando eu estava no meio da situação, não podia parar; caso contrário, iria afundar e me afogar em tanta dor. Porém, como se não bastasse, cada passo que eu dava para seguir a vida exigia um esforço descomunal, um peso que eu não conseguia tirar de mim. Eu queria passar por tudo aquilo depressa, mas a dor me deixava muito consciente de cada movimento. Sentia-me forçada a andar em câmera lenta, enquanto todos os outros passavam por mim em velocidade normal.

O choque da confiança quebrada faz a vida parecer, ao mesmo tempo, dolorosamente lenta e desconfortavelmente rápida. Tudo fica dolorosamente lento porque não conseguir acreditar que essa é sua realidade agora faz o mundo desacelerar até parar. E tudo fica desconfortavelmente rápido porque, apesar disso, a realidade do trabalho, das contas e dos filhos que precisam de carona para a escola parece anormalmente normal, e o normal parece rápido demais para um cérebro que não consegue processar o que está acontecendo.

Neste livro, quero reconhecer plenamente que tudo isso tem sido muito difícil para o seu e o meu coração. Também quero deixar espaço para emoções à flor da pele, que podem vir à tona com muita facilidade quando falamos de acontecimentos que talvez ainda estejamos processando. Mas, sobretudo , quero compartilhar, de forma gentil, algo que aprendi e desejo que você guarde à medida que virar estas páginas.

O trauma de ter sua confiança traída por pessoas que você nunca imaginava é algo que altera nossa vida. Mas que não precisa arruiná-la.

Foi por isso que escrevi este livro. Eu percorri o caminho da dor e da cura durante anos. Houve muito aconselhamento. Muito trabalho interno. Muita oração e busca de Deus. Muitas mudanças e curas de perspectiva. Novas esperanças. Novas descobertas. Encontrei uma vida bem diferente da que eu imaginava que teria. Mas, enfim, percebi que o diferente pode ser incrivelmente lindo.

Hoje estou seguindo em frente de maneiras que nunca pensei serem possíveis. E você pode fazer o mesmo. Permita-me segurar sua mão enquanto exploramos o que aconteceu conosco e como isso afetou nossas emoções, nossa mente e nosso sistema nervoso central.

O dano da dor emocional vai muito além do que pensamos. Se pessoas ao seu redor acham que sua dor não é tão grande assim, ou se não entendem a gravidade de uma traição e de ter sua confiança traída, quero que saiba que você não está sendo dramática ou emotiva demais ao processar sua dor. Houve um dano real. O que estou dizendo não é mera teoria; eu vi na prática o que traumas e relacionamentos disfuncionais são capazes de fazer.

Pode parecer loucura, mas meu cérebro foi escaneado.

Eu fiz uma série de exames e tomografias porque queria saber a verdade. Mais do que sentir, eu queria ver o impacto do que passei. Queria olhar os resultados ao lado de um

O trauma de ter sua confiança traída por pessoas que você nunca imaginava é algo que altera nossa vida. Mas que não precisa arruiná-la.

médico da área e que ele me dissesse o que viu, o que meu exame cerebral estava dizendo. Eu queria a verdade.

Depois que meus exames foram feitos, sentei-me para conversar com um especialista em saúde cerebral, o médico psiquiatra dr. Daniel Amen. Juntos, comparamos minhas tomografias com as de um cérebro perfeitamente saudável. Foi revelador para nós descobrirmos que, por causa das experiências que tive, hoje apresento sinais claros do chamado "diamante letal do trauma".

O dr. Amen fez estudos com sobreviventes de traumas e descobriu que seus resultados de SPECT (Tomografia Computadorizada por Emissão de Fóton Único) "apresentam atividade significativamente aumentada nas áreas límbicas (isto é, emocionais), em um padrão que se parece com um diamante".[1] Sentada ao lado dele e olhando para as evidências do impacto de tudo o que vivi, pela primeira vez na vida senti que podia usar as palavras *abuso emocional* sem hesitar.

Aqui está a verdade. Observe como as áreas afetadas do meu cérebro mudaram minha forma de processar a vida e os relacionamentos:

- "Córtex cingulado anterior: Como o câmbio de um carro, esta região ajuda o indivíduo a passar de um pensamento para outro. O excesso de atividade aqui indica uma fixação em pensamentos ou comportamentos negativos.
- Amígdala e gânglios da base: No cérebro, estes são os centros de ansiedade e medo. Seu excesso de atividade

1 "Emotional Trauma and the 'Diamond Brain'", *Amen Clinics* (blog), 14 out. 2021.

está ligado ao aumento da ansiedade e à previsão do pior que pode acontecer em uma dada situação.

- Tálamo: Esta região atua como uma antena de transmissão no cérebro; logo, o aumento de sua atividade aumenta a consciência sensorial.
- Lobo temporal direito: Esta área do cérebro, envolvida na leitura das intenções de outras pessoas, também fica hiperativa em alguns indivíduos. Quando sua atividade é excessiva, é possível interpretar mal os sinais alheios."[2]

Portanto, após um trauma, a mudança que ocorre na maneira como processamos situações da vida e relacionamentos é mais do que uma simples reação emocional: é uma mudança física no cérebro. Quanto mais aprendo sobre o lado físico do que acontece conosco quando somos traídas, mais faz sentido o fato de que tantas de nós tenhamos dificuldade em confiar. E isso não é algo ruim, do qual devamos nos envergonhar. Mas também não é um rótulo que devemos colocar em nós mesmas ("Sabe como é, eu tenho dificuldade em confiar"), como se fosse um diagnóstico ou uma doença incurável.

Na verdade, naquele dia o dr. Amen me mostrou que as coisas que fiz e continuo fazendo para cuidar de mim mesma estão ajudando a tratar meu cérebro.[3] O aconselhamento, o estudo bíblico, o EMDR (Terapia de Dessensibilização e Reprocessamento por Movimentos Oculares; uma terapia

2 Ibid.

3 Você pode assistir ao meu episódio do "Scan My Brain with Dr. Amen" aqui: "Battling Past Emotional Trauma", YouTube, 3 out. 2023.

Encontrei uma vida bem diferente da que eu imaginava que teria. Mas, enfim, percebi que o diferente pode ser incrivelmente lindo.

mental que ajuda a "aliviar o sofrimento associado a memórias traumáticas"),[4] os suplementos alimentares e meu estilo de vida mais saudável estão funcionando. Lembro de quando Jim Cress, meu conselheiro, me disse: "Há muito mais ajuda e esperança neste mundo do que os problemas que você tem". Hoje vejo que ele estava certo. E quero compartilhar essa ajuda e esperança com você. Portanto, oro para que este livro seja uma parte significativa e importante do seu processo de cura.

Ter dificuldade em confiar faz muito mais sentido quando sabemos desses fatos.

Também quero trazer à luz o fato de que a ansiedade que geralmente acompanha nosso medo de confiar pode estar tentando nos ajudar, não nos atrapalhar. Embora queiramos mantê-la sob controle e não à solta, também devemos saber que Deus projetou nosso corpo para detectar quando pessoas ou situações não são seguras. É como o instinto natural de um animal que pressente o perigo. Embora sejamos diferentes dos animais, Jó 12:7–13 diz que Deus nos criou com a mesma genialidade criativa para nos valermos de nossos sentidos e discernimento para perceber o perigo.

O aumento de ansiedade que experimentamos quando não sabemos se podemos confiar em outras pessoas não significa que não há esperança para nós, e sim que precisamos aprender a fazer esses sentimentos voltarem a um nível saudável, a fim de que possamos ter mais clareza e discernimento.

Você tem perguntas sobre isso, e eu também:

---

4 "What Is EMDR Therapy?" EMDR Institute.

É possível voltar a confiar em uma pessoa que me feriu, ou, em alguns casos, é mais sábio manter a desconfiança?
É possível discernir se alguém está falando a verdade?
Ainda é possível confiar em Deus?

Essas são boas perguntas que merecem ser exploradas. Não posso prometer que terei todas as respostas de que você precisa, mas aprendi tanto que quero convidá-la a participar da minha jornada. Quero compartilhar a sabedoria que adquiri, as ferramentas que foram úteis, os contratempos, as vitórias e a luta mais profunda que já tive com perguntas sobre mim mesma, sobre os outros e até mesmo sobre Deus.

O subtítulo deste livro é aquilo que mais me empolga quando penso na jornada que faremos juntas: *Seguindo em frente quando você não acredita mais nas pessoas, tem medo do que Deus vai permitir que aconteça e não confia no seu próprio discernimento.*

Eu conheço seu medo de tentar confiar novamente. Conheço a dor no coração de ter que terminar relacionamentos com pessoas em quem não deveríamos ter confiado. Conheço o receio de tentar reparar relacionamentos e ver se ainda é possível confiar no outro. E conheço a resistência em encontrar novas pessoas e tentar descobrir se, como e quando você pode confiar nelas.

Mas eu também conheço a alegria de entrar em uma nova fase. Conheço a emoção de me sentir segura o suficiente para me conectar profundamente com pessoas confiáveis. Conheço o tamanho da coragem que será necessária para continuar caminhando para um futuro cheio de possibilidades.

E prometo a você que os riscos valem a pena.

Agora, vamos aprender um pouco sobre confiança.

Só mais uma coisa...

Ao longo deste livro, ao final de cada capítulo, esta seção trará a você estudos científicos e ideias mais aprofundadas sobre o tema abordado. Porém, como ainda estamos na introdução e estou me sentindo protetora com você, há algo que quero que saiba se for o seu caso: ninguém tem o direito de rotulá-la como alguém com "dificuldade em confiar", pois *todas* as pessoas têm isso.

Eu precisava colocar isso para fora porque, quando alguém diz que outra pessoa tem "problemas de confiança" (como se fosse um mau cheiro que essa pessoa exala), esse alguém é quem está mostrando sua falta de sensibilidade e compaixão. Para falar a verdade, uma das razões pelas quais eu não queria admitir que tinha problemas de confiança era porque esse termo era usado contra mim.

O fato é que, se alguém precisa se esforçar para conseguir confiar nos outros, deve haver um motivo. Quer se lembre especificamente ou não, esse alguém teve uma experiência que o fez recuar em angústia e dor. É claro que ele hesita e talvez resista em confiar nas pessoas, especialmente naquelas que o machucaram, ou naquelas que o lembram de alguém em quem confiou e por quem foi machucado depois. Faz sentido que ele seja cético em relação às intenções do outros. E, claro, ele analisa as pessoas com uma maior consciência de como o ser humano, às vezes, age de maneiras irresponsáveis e cruéis.

Em alguns momentos, a desconfiança é a resposta mais adequada que existe.

Como seres humanos, fomos criadas para a conexão. Mas a conexão sempre traz riscos.

Eu acho que isso se aplica a grande parte da desconfiança em minha vida que me deixa desconfortável, hesitante e, às vezes, resistente para me envolver com certas pessoas. Minha dificuldade em confiar nelas pode, honestamente, ser um sinal de sabedoria, não de fraqueza. E minha tendência de analisar demais suas palavras e ações, ou até mesmo um sentimento que tenho quando estou perto delas, pode, na verdade, ser um exercício de discernimento, não uma deficiência.

Outras vezes, tenho problemas de confiança que, na verdade, são mais uma indicação de traumas passados ainda a serem tratados do que uma indicação de que a pessoa na minha frente fez algo traiçoeiro. Ou talvez seja o caso de que tenho problemas de confiança porque não quero arriscar que alguém chegue perto o suficiente para me machucar de forma semelhante à que já fui machucada antes. Existem muitas razões pelas quais lutamos para confiar, razões que, às vezes, são boas e outras, nem tanto.

Quero que grave algo importantíssimo: ninguém consegue viver sem ser ferido. Logo, ninguém consegue viver sem ter problemas de confiança. Talvez isso console você. Ou talvez a desanime. Como seres humanos, fomos criadas para a conexão. Mas a conexão sempre traz riscos. Este não será um problema a resolver, mas uma tensão a administrar. Ainda assim, ter as ferramentas certas para lidar com isso é algo que muitas de nós precisávamos para seguir em frente. Nas próximas páginas, faremos uma jornada a caminho de nos sentirmos compreendidas em nossa dor e aprendermos a usar essas ferramentas em uma atmosfera segura de esperança e cura. Que bom saber que estamos juntas.

Lembre-se (e agarre-se a estas verdades):

- O trauma de ter sua confiança quebrada por pessoas que você nunca imaginava é algo que altera nossa vida. No entanto, isso não precisa arruiná-la.
- Deus projetou nosso corpo para detectar quando pessoas ou situações não são seguras.
- Às vezes, a desconfiança é a resposta mais adequada que existe.
- Como seres humanos, fomos criadas para a conexão. Mas a conexão sempre traz riscos.

Receba (estas promessas bíblicas):

"O Senhor o guiará constantemente; satisfará os seus desejos numa terra ressequida pelo sol e fortalecerá os seus ossos. Você será como um jardim bem regado, como uma fonte cujas águas nunca faltam." (Isaías 58:11)

"O ouvido não experimenta as palavras como a língua experimenta a comida? A sabedoria se acha entre os idosos? A vida longa traz entendimento?" (Jó 12:11-12)

Reflita (nestas perguntas):

- Ao pensar na palavra *confiança*, que situações (boas ou ruins) vêm à sua mente?
- Como foi sua experiência de ter a confiança traída por pessoas que você nunca imaginava? Que impacto isso teve em sua vida?

Ore:

Pai celestial,
Obrigada por me trazer a este livro. Peço sua ajuda, orientação e sabedoria ao lê-lo. Sei que terei de lembrar e processar a história de quando fui traída; porém, também sei que o Senhor está comigo para me ajudar a trilhar este caminho em direção à cura. Obrigada por estar ao meu lado e por ser um Pai em quem posso confiar.
Em nome de Jesus, amém.

Capítulo 1

Silenciosamente PERDENDO A ESPERANÇA

Se você e eu estivéssemos sentadas conversando, só nós duas, não demoraria muito para eu querer sair das estranhas formalidades iniciais e mergulhar em assuntos profundos. E o assunto que eu gostaria de discutir hoje seria: por que silenciosamente perdemos a esperança e desistimos das coisas? Aposto que ambas temos motivos para querer desistir, especialmente quando esperamos por tanto tempo que já nos sentimos bobas por isso. É cruel ter de esperar algo que, na nossa mente, parece tão maravilhoso. Então, por que nosso Deus bondoso não faz esse desejo se realizar?

Só de pensar na possibilidade de seu desejo virar realidade, sua alma já fica à flor da pele. Você se agarra firmemente às confirmações que parecem indicar que suas orações serão atendidas. Como em uma brincadeira de cabo de guerra, você dá tudo de si para se agarrar a essa esperança. Então, a corda começa a vir para o seu lado e você dá um sorriso enorme, sabendo que a hora finalmente está chegando... só que, do nada, a corda é puxada pelo outro time e você cai de cara no chão. Suas mãos cheias de bolhas e sua alma exausta ardem ao ver a esperança à qual se agarrava ser arrancada de você. Quanto mais firme à corda você se agarrou, mais doeu vê-la puxada para longe.

Para lidar com a frustração, talvez você diga coisas como:

> *"É melhor eu reduzir minhas expectativas para zero."*
> *"Não era para ser, e está tudo bem."*
> *"Eu realmente estou bem sozinha. Afinal, não tenho mais forças para fazer novos amigos."*
> *"Eu não me importo mais com esse assunto e pronto."*

> *"Acho que não nasci para isso."*
> *"Eu tomei decisões erradas no passado, então não mereço o que tenho pedido em oração."*

Porém, logo que fala isso, você se encolhe por dentro, pois sabe que sua boca está dizendo uma coisa com a qual seu coração discorda convulsivamente. Mas que escolha você tem? Já perdeu a conta de quantas vezes pediu isso a Deus, sem que nada, no entanto, tivesse acontecido. O silêncio dele é ensurdecedor. Os resultados são chocantes. A traição é esmagadora. O resultado é frustrante. A maneira como você foi tratada é enlouquecedora. As lágrimas que você chora na escuridão da noite parecem não ter fim. Receber outro "não" é devastador.

> *Você acreditava que aquela amizade seria para a vida toda.*
> *Você acreditava que seria curada.*
> *Você acreditava que ele iria voltar.*
> *Você acreditava que iria engravidar.*
> *Você acreditava que seus pais finalmente iriam ter orgulho de você.*
> *Você acreditava que seu filho iria ficar bem.*
> *Você acreditava que iria encontrar o homem dos seus sonhos.*
> *Você acreditava que aquela empresa queria o melhor para você.*
> *Você acreditava que aquele chefe se importava com você e que aquele era um lugar seguro para fazer carreira.*
> *Você acreditava que a resposta de Deus iria se alinhar com o que você pediu.*

É por isso que desistir parece ser a única escolha racional no momento. Afinal, a esperança é o risco mais brutal de todos.

Eu entendo.

Para mim, ela ou é o sentimento mais belo de possibilidade ou o sentimento mais devastador de derrota. Ousar ter esperança é nos expor, ao mesmo tempo, a nossos maiores desejos e a nossos maiores medos. No entanto, se não estivermos dispostas a nos arriscar a ter esperança, já estaremos silenciosamente desistindo de um futuro melhor. As dificuldades de hoje parecerão muito maiores se limitarmos nossa visão da vida às dificuldades do agora. Trocaremos o sonhar pelo medo. Trocaremos o olhar para frente com alegria pelo olhar para trás com tristeza. Trocaremos a expectativa de possibilidades futuras pela angústia de ficarmos presas à dor do que aconteceu.

Se desistimos de ter esperança, ficaremos cegas para as evidências da bondade de Deus ao nosso redor. E, se perdermos de vista a bondade de Deus, confiar nele parecerá algo tolo. É difícil continuar a confiar nele e em outras pessoas quando sentimos que nos decepcionam o tempo todo e que não nos ajudam.

Às vezes, precisamos de novas perspectivas para começar a acreditar que é possível confiar, que é possível crer que Deus continua sendo bom e que ainda existem pessoas boas por aí. Mas é muito difícil ouvir isso quando sua vida não é como você queria que fosse e seus relacionamentos não são o que você desejava.

Você já está farta de dor e más notícias. Já está mais do que na hora de receber alguma esperança. Hoje, em vez de enchermos nossos pensamentos com todos os piores cenários

***Ousar** ter*
*esperança **é nos expor**,*
ao mesmo tempo, a
*nossos **maiores desejos***
*e a nossos **maiores***
***medos**.*

que tememos, quero nos desafiar a parar e dizer: *"Mas e se as coisas derem certo?"*. Pare um pouco e deixe essa pergunta ocupar seus pensamentos.

Posso escolher parar de alimentar a ansiedade e, em vez disso, começar a me abastecer de esperança ao relembrar os muitos momentos do dia a dia em que Deus me ajudou e as coisas deram certo. Por exemplo, "nesta manhã, cheguei ao trabalho em segurança", "consegui pagar aquela conta", "meu filho passou naquela prova", "meu corpo teve saúde o suficiente para fazer tudo o que fiz hoje", e assim por diante. Só porque essas "pequenas coisas" não aparecem no meu radar não significa que são insignificantes. Todas elas são evidências de que, na maioria das vezes, as coisas dão certo, e isso alimenta minha esperança para hoje. Isso não é negar que estão acontecendo coisas difíceis; porém, lembrar de tudo o que está funcionando ajudará a trazer equilíbrio aos nossos pensamentos. Encontro grande conforto na verdade de Eclesiastes 7:14: "Quando os dias forem bons, aproveite-os bem; mas, quando forem ruins, considere: Deus fez tanto um quanto o outro, para evitar que o homem descubra alguma coisa sobre o seu futuro".

Embora não conheçamos todos os detalhes do futuro, podemos confiar e esperar em um Deus bom que tudo conhece (Romanos 15:13). Quando voltamos a sentir esperança, voltamos a acreditar que ainda há coisas boas no nosso futuro. Crer que há coisas boas pela frente lhe dará coragem para tentar confiar mais uma vez. Por isso, quero que esteja equipada com as ferramentas certas, para que o processo de se arriscar a confiar novamente não seja tão ameaçador, assustador e impossível.

Ter as ferramentas certas é muito importante. É por isso que passaremos todo este livro aprendendo a usar os novos recursos que mostrarei a você. E não se trata apenas de tê-los, mas também de sentir confiança para usá-los.

Vi isso na prática há alguns anos, quando estava me preparando para falar na conferência de uma igreja. Eu estava sentada nos bastidores, sentindo meu costumeiro nervosismo antes de falar em público, quando a coordenadora do evento apareceu e perguntou se eu aceitaria usar um longo dispositivo de plástico preso à minha blusa. Pensando que fosse uma versão moderna de microfone de lapela, expliquei que não era necessário e que ficaria satisfeita apenas com um microfone de mão.

Uma expressão de ansiedade surgiu em seu rosto. Ela explicou que uma mulher na plateia havia pedido esse favor especial para poder ouvir melhor minha mensagem. É claro que eu queria fazer isso pela ouvinte; porém, sem entender muito bem a situação, fiquei preocupada. Parecia não haver nenhuma maneira discreta de prender o novo dispositivo em minha blusa sem que ela ficasse caída, podendo expor lugares que me deixariam hiperconsciente. Acredite em mim, já estive em muitas situações embaraçosas no palco, e tento evitar adicionar mais histórias assim à minha vida.

Pensando em outras soluções, fui procurar o técnico de som. Perguntei a ele se eu poderia prender o dispositivo no púlpito ou na minha Bíblia, desde que eu ficasse perto o suficiente para que o aparelho funcionasse corretamente. Foi então que me deram mais explicações. Durante 45 anos, a senhora na plateia nunca havia conseguido ouvir um sermão, nem mesmo uma oração. Seu médico inventou aquele dispositivo especial para enviar o som ampliado da minha voz diretamente para seus aparelhos auditivos, permitindo que ela ouvisse pela primeira vez na vida. Usar aquele clipe não era apenas um favor. Era um evento histórico na vida daquela mulher.

Depois de ouvir a história toda, me senti muito mal por ter me preocupado com a blusa. Prendi o dispositivo logo abaixo do meu queixo e, para minha surpresa, não me importei nem um pouco com a blusa caindo. Subi ao palco e imediatamente perguntei à minha nova amiga se ela podia me ouvir. Com os olhos lacrimejantes e um sorriso enorme, ela fez que sim com a cabeça. Várias vezes durante minha mensagem, vi lágrimas escorrerem por seu rosto. O mesmo aconteceu com a amiga que estava com ela. Concluí a mensagem com uma oração, dando-me conta de que aquela era uma vitória incrível para alguém que lutou a vida inteira.

Poder ouvir é um presente inacreditável. Garanto a você que, das centenas de pessoas que estavam na plateia naquele dia, ninguém ouviu com mais intencionalidade do que minha amiga com seu dispositivo. Ela sabia que precisava de ajuda para ouvir. O dispositivo preencheu uma lacuna que ela não conseguia preencher sozinha. Quando o usou, ela conseguiu ouvir... ouvir de verdade.[1]

A maioria de nós não tem os desafios auditivos dessa querida mulher. Porém, ter relacionamentos importantes em que a confiança foi destruída ou corroída é algo doloroso e confuso, que reduziu nossa esperança ao mais fraco dos sussurros, ou a bloqueou totalmente. No entanto, meu desejo é que a

---

1 TERKEURST, Lysa. *Uninvited*. Nashville: Nelson Books, 2016. p. 215–217.

voz dessa esperança rompa barreiras, e que este livro seja o dispositivo que nos ajude a ouvi-la em alto e bom som.

Por que é importante reacender nossa esperança ao lidarmos com questões de confiança? Porque, sem acreditar que as coisas podem melhorar, não teremos para onde ir. Deixaremos que a dor do que aconteceu impacte negativamente nossa vida, a ponto de não querermos mais abrir nosso coração para pessoas novas nem estarmos totalmente vivas para as que são próximas. Não fomos feitas para viver com medo de nos machucar, hesitantes em nos conectar. Não fomos feitas para deixar que o ceticismo seja o principal filtro através do qual vemos Deus e os outros. Não fomos feitas para constantemente duvidar de nós mesmas, sentindo que sequer podemos confiar em nosso próprio discernimento.

Não fomos feitas para deixar que o ceticismo seja o principal filtro através do qual vemos Deus e os outros.

Fomos feitas para amar e ser amadas. Fomos feitas para abraçar os outros. Fomos feitas para ser sábias e perspicazes. Fomos feitas para viver na certeza da fidelidade de Deus. Fomos feitas para ter esperança, reerguendo-nos com resiliência. Fomos feitas para estar plenamente vivas. Portanto, vamos descobrir o que fazer com a nossa confiança destruída.

Só mais uma coisa...

Ao longo deste livro, quero que pense em si mesma com compaixão. Em alguns pontos, você encontrará frases ou parágrafos que irão além do que as partes sensíveis de seu coração podem suportar. Outras vezes, você pode ser tentada a se autoflagelar com as informações lidas, desejando ter escolhido seus relacionamentos com mais sabedoria. Ou algo exigirá que você seja sincera sobre coisas que, por anos, você fingiu não serem tão ruins assim. Tudo isso aconteceu comigo quando processei essa mensagem.

Tive de aprender a ser gentil comigo mesma. Não se trata de me negar a reconhecer coisas em que preciso melhorar e crescer, e sim de não me afligir por aquilo que ficou no passado. Não podemos mudar o que aconteceu, mas podemos mudar o que acontece daqui para frente. À medida que aprendermos, crescermos e adquirirmos novas percepções, sejamos gentis com as áreas em que ainda nos sentimos frágeis e, ao mesmo tempo, sejamos corajosas para dar passos adiante.

Aqui está uma lista de declarações compassivas que podemos fazer agora e reler quando necessário:

- Serei honesta comigo mesma e me comprometerei com a verdade durante este processo. Não irei minimizar as coisas, nem fazê-las parecer menos ruins do que são.
- Não tentarei consertar outras pessoas, nem me responsabilizarei pelo que fizeram, mas apenas pelo que diz respeito a mim.
- Terei compaixão de mim mesma, entendendo que há coisas que não podemos melhorar se não soubermos que são possíveis. O fato de eu ter decidido ler este livro mostra que quero saber mais, para poder agir melhor.
- Em vez de me culpar por não ter percebido sinais de alerta em relacionamentos anteriores, buscarei fazer escolhas melhores no futuro. Não acreditarei na mentira de que é tarde demais para mudar.

- Reconhecerei que fui ferida, mas não viverei como vítima. Daqui em diante, buscarei capacitação para assumir o controle de minha própria cura.
- Ainda acredito que existe um mundo bom e pessoas maravilhosas com quem posso me conectar, rir, dançar, explorar, viver, ter um propósito e fazer a diferença.
- Estou disposta a aprender a confiar novamente no meu próprio discernimento, nas pessoas certas e em Deus, mesmo sem entender o que ele está fazendo.

Esse tipo de pensamento compassivo me deu a liberdade de reconhecer aquilo que posso melhorar, sem me culpar por erros de confiança que cometi no passado. E me deu a coragem de me ver como alguém que vai se reerguer e continuar a seguir em frente.

Lembre-se:

- Ousar ter esperança é simultaneamente nos expor a nossos maiores desejos e a nossos maiores medos.
- Se desistirmos de ter esperança, ficaremos cegas para as evidências da bondade de Deus ao nosso redor.
- A esperança é o risco mais brutal de todos.
- Não fomos feitas para deixar que o ceticismo seja o principal filtro através do qual vemos Deus e os outros.

Receba:

> *"Quando os dias forem bons, aproveite-os bem; mas, quando forem ruins, considere: Deus fez tanto um quanto o outro, para evitar que o homem descubra alguma coisa sobre o seu futuro." (Eclesiastes 7:14)*

"Que o Deus da esperança os encha de toda alegria e paz, por sua confiança nele, para que vocês transbordem de esperança, pelo poder do Espírito Santo." (Romanos 15:13)

Reflita:

- Que declarações você costuma fazer a si mesma e aos outros para ajudar a lidar com suas frustrações? (Veja a lista no início do capítulo.)
- Que circunstâncias da vida tentam você a querer desistir de ter esperança?
- Com qual das declarações compassivas da seção "Só mais uma coisa..." você mais se identificou? Por quê?

Ore:

Senhor,
Nos dias que estão por vir, quero manter minha mente cheia de esperança. Ajude-me a ser gentil comigo mesma e a aceitar a sua graça durante meu aprendizado e crescimento na área da confiança nos relacionamentos. Estou me sentindo frágil, mas corajosa. Sustente-me e continue a trazer vida à minha alma cansada conforme processo esta mensagem e a aplico à minha vida.
Em nome de Jesus, amém.

Capítulo 2

Que sentimento é esse: DISCERNIMENTO OU GATILHO?

Era o ano de 2015. A despedida pareceu apressada. Ver uma mala sendo levada para longe de mim disparou um alarme. Senti um desconforto que não entendi. Meu coração acelerou e senti minha garganta se apertar. Esforcei-me muito para piscar e afastar as lágrimas, dizendo a mim mesma: *"Eu confio nele. Eu confio nele. Eu confio nele. Eu confio nele"*. Mas, então, por que minha mente estava em guerra com essa confiança? Meus pensamentos estavam uma bagunça, e eu tentava descobrir o que estava acontecendo.

As possibilidades que percorriam minha mente pareciam adagas para o meu coração. "*Você não está segura. Há algo acontecendo que você não sabe. E, se soubesse, isso partiria seu coração. Não se atreva a confiar nele. Não vale a pena.*"

Mas, então, minha mente mudou para um diálogo interno diferente.

E, então, outra mudança no meu pensamento:

> *"Você está segura. Você está interpretando esta situação mais do que deveria. E, se você expressar suas preocupações, vai causar um conflito desnecessário. Você vai parecer a louca aqui. Não vale a pena."*

"Algo está terrivelmente errado." Minhas mãos começaram a tremer. "*Faça alguma coisa. Diga alguma coisa!*" Embora meu cérebro estivesse acelerado, minhas palavras pareciam presas em algum lugar dentro de mim. Eu não conseguia formar uma frase. Eu não conseguia falar. Eu estava gritando por dentro, mas em silêncio por fora.

E outra mudança:

> *"Controle-se, Lysa. Isso é ridículo. Não há nada de errado. Lembra de todas as palavras gentis que ele disse ontem? Controle esses sentimentos para não fazer drama e gerar confusão."*

A parte triste da história é que, nesse caso, eu não deveria ter confiado. Eu estava discernindo algo errado, e estava certa. Definitivamente havia algo de errado acontecendo.

Em 2023, muito depois do meu divórcio, passei por uma situação semelhante. Dessa vez, foi com um namorado. Ele nunca tinha me dado motivos para desconfiar dele: me tratava bem, dizia a verdade, estava onde dizia que estava. Ele não agia de forma suspeita nem se comportava como se estivesse escondendo alguma coisa. No entanto, naquele dia, sua despedida pareceu apressada. Por causa disso, como uma despedida apressada nos últimos anos do meu casamento significou que algo estava errado, ver uma mala sendo levada para longe de mim disparou um alarme.

Era como se eu não conseguisse diferenciar o passado do presente. Não importava se a pessoa era completamente diferente; a sensação era a mesma. Parecia que o passado estava se repetindo.

Senti um desconforto que não entendi. Meu coração acelerou e senti minha garganta se apertar. Esforcei-me muito para piscar e afastar as lágrimas, dizendo a mim mesma: "*Eu confio nele. Eu confio nele. Eu confio nele. Eu confio nele*". Mas, então, por que minha mente estava em guerra com essa confiança? Meus pensamentos estavam uma bagunça, e eu tentava descobrir o que estava acontecendo.

As possibilidades que percorriam minha mente pareciam adagas para o meu coração. "*Você não está segura. Há algo acontecendo que você não sabe. E, se soubesse, isso partiria seu coração. Não se atreva a confiar nele. Não vale a pena.*"

Mas, então, minha mente mudou para um diálogo interno diferente.

> "*Você está segura. Você está interpretando esta situação mais do que deveria. E, se você expressar suas preocupações, vai causar um conflito desnecessário. Você vai parecer a louca aqui. Não vale a pena.*"

E, então, outra mudança no meu pensamento:

"*Algo está terrivelmente errado.*" Minhas mãos começaram a tremer. "*Faça alguma coisa. Diga alguma coisa!*" Embora meu cérebro estivesse acelerado, minhas palavras pareciam presas em algum lugar dentro de mim. Eu não conseguia formar uma frase. Eu não conseguia falar. Eu estava gritando por dentro, mas em silêncio por fora.

E outra mudança:

> "*Controle-se, Lysa. Isso é ridículo. Não há nada de errado. Lembra de todas as palavras gentis que ele disse ontem? Controle esses sentimentos para não fazer drama e gerar confusão*".

Nesse caso, eu deveria ter confiado. Eu estava discernindo algo errado, mas estava errada. Não estava acontecendo nada que fosse me machucar.

Na primeira situação, o que estava se manifestando em minha mente era discernimento. Era um aviso que eu deveria ter escutado. Nesta segunda situação, o que estava se manifestando em minha mente era um gatilho de um trauma passado. Confuso, não é? A linha entre o discernimento saudável e os gatilhos causados pela dor do passado é muito tênue.

Meu discernimento raramente vem com detalhes claros. É uma sensação provocada pelo Espírito Santo.

Meus gatilhos raramente vêm com detalhes claros. São sensações provocadas pela dor do meu passado.

Eu preciso orar e diferenciar uma coisa da outra.

Às vezes, um gatilho de uma situação passada traz a sabedoria prática do discernimento. Como eu disse, é uma linha muito tênue.

O que estou sentindo é um aviso que poderia me proteger? Ou é uma guerra em minha mente que preciso resolver? Como saber se é discernimento, medo ou um gatilho de trauma passado? Quero ser sábia para poder me proteger. E também não quero fazer com que as pessoas confiáveis ao meu redor sofram injustamente por causa de minhas suspeitas alimentadas por traições passadas.

E essa é a minha luta com a confiança. Imagino que você também já tenha lidado com isso.

Sendo a Lysa que sou, não consegui ficar em paz com essas perguntas. Senti que eu precisava ter algum tipo de checklist ou estudo científico, algo que me ajudasse a saber o que fazer quando os sinais de alerta disparassem na minha cabeça. Eu li, pesquisei e conversei com amigos. Coincidentemente, uma amiga minha era conselheira profissional certificada e entendia, em um nível muito pessoal, a jornada de cura que eu estava trilhando, pois também teve sua própria luta com a dificuldade de confiar.

Ela disse que minhas perguntas eram boas e compreensíveis. Meu cérebro estava tentando descobrir se eu estava segura ou não, e essa incerteza estava fazendo com que eu me sentisse ansiosa. Por causa do que vivi no passado, não era de admirar que eu me sentisse tão insegura.

Porém, minha amiga me encorajou a deixar as perguntas de lado por um momento. Ela me incentivou a contar, em vez de eu me questionar, mais sobre o que eu estava sentindo em meu corpo e dizendo a mim mesma ao lidar com aquelas sensações.

Respondi dizendo que, quando a despedida pareceu apressada e eu o vi colocar a mala em sua caminhonete, imediatamente me senti trêmula. Minhas emoções pareceram grandes demais para engolir. Medo. Decepção. Dor no peito. O que eu disse a mim mesma era que havia uma razão para aquela despedida ser rápida, que essa razão seria muito dolorosa, que havia informações sendo escondidas de mim e que, quando eu finalmente descobrisse a história toda, ela partiria meu coração novamente.

Minha amiga assentiu, mostrando compreensão mais uma vez e reconhecendo que a maneira como eu estava me sentindo estava conectada ao trauma relacional que eu havia experimentado e que acabou levando ao divórcio. Então, ela disse algo profundo: "A experiência da mala em seu novo relacionamento chegou bem perto do limite". Em outras palavras, meu sistema nervoso estava me dizendo que eu estava bem perto de uma situação que havia me machucado anteriormente. E conectar essas duas experiências fez meu medo disparar. A despedida apressada no passado fez com que a despedida apressada de agora parecesse uma nova traição.

Algumas pessoas acreditam que o pior que pode acontecer nunca acontece. Minhas experiências me imploram para acreditar no contrário. No entanto, automaticamente atribuir a traição e os enganos de um relacionamento passado a um novo não apenas seria injusto e potencialmente prejudicial, como também desastroso.

"E agora?", perguntei, sentindo-me encurralada. Eu não queria falar dessas coisas difíceis e acabar estragando meu novo relacionamento. Mas também não podia fingir que não estava preocupada.

Sem hesitação, minha amiga respondeu: "Investigue".

A confiança dela em me dizer para investigar foi chocante, mas também encorajadora. No meu relacionamento anterior, eu passei anos com medo de investigar, pensando que a única coisa que seria provada no final era que eu tinha problemas de confiança. Que eu era louca. Que eu estava deixando minha ansiedade crescente obscurecer meu julgamento. Além disso, eu queria pensar o melhor da pessoa que eu amava.

Portanto, para mim, investigar parecia algo errado.

Contudo, olhando para trás, o que estava errado, de fato, era eu estar em uma relação em que sentia necessidade de investigar, mas tinha medo de fazê-lo. Por isso, em vez de verificar o que me estavam dizendo, eu ficava apenas fazendo perguntas, esperando obter respostas que fizessem sentido. Mas a situação simplesmente não fazia sentido. E, quando eu pedia explicações, era criticada por me preocupar. Resumindo: meu sistema nervoso central estava fazendo o trabalho para o qual Deus o criou, que é disparar sinais de alerta, mas eu me sentia incapaz de descobrir o motivo do alerta.

Amiga, por favor, chegue mais perto.

É normal precisar de mais informações.
É normal fazer perguntas e checar
o que é verdade.
É normal ser sincera e dizer que não suporta
certas coisas.

Meu conselheiro Jim me ensinou que o cérebro humano está sempre em busca de confiança no saber. Em outras palavras, sempre que possível, precisamos saber o que acontece para podermos confiar que estamos seguras.

A propósito, para avaliar se é seguro confiar em outra pessoa, não basta prestar atenção aos fatos. Os sentimentos também são importantíssimos. Segurança é a soma de um fato com um sentimento. Da mesma forma, confiança também é a soma de um fato com um sentimento. Não basta me dizerem que estou segura; preciso acreditar nisso por mim mesma. Caso contrário, minha composição neurológica irá acionar suas estratégias de defesa automáticas: luta, fuga ou congelamento. Esse processo é chamado de *neurocepção.*

Não basta me dizerem que estou segura; preciso acreditar nisso por mim mesma.

Vou subir um pouco o nível agora, mas nós somos garotas inteligentes e esse assunto é fascinante. Além disso, pense em como será divertido falar isso do nada para seus amigos durante um café, como se soubesse essas informações a vida inteira. Seus amigos vão olhar você e dizer "Uau... impressionante!"

Achei um estudo fascinante sobre neurocepção, que é um conceito originalmente desenvolvido pelo psicólogo e neurocientista dr. Stephen Porges:

> *Basicamente, neurocepção é o processo em que os circuitos neurais determinam se uma situação ou pessoa é segura ou perigosa ou se ameaça nossa vida. Ao contrário da percepção, que é um pensamento cognitivo, a neurocepção envolve processos cerebrais que funcionam fora da consciência. Avaliações neuroceptivas podem ocorrer extremamente rápido e sem que notemos. Se as pistas sociais desencadeiam uma neurocepção de segurança, nosso corpo entra em um estado comportamental tranquilo. Nós nos sentimos calmos e podemos, com facilidade, nos envolver com outros socialmente ou lidar com problemas [...]. Quando a situação parece arriscada, as áreas específicas do cérebro que regulam as estratégias de defesa são ativadas. Então, até mesmo o comportamento neutro ou social é recebido instintivamente com agressão ou evasão.*[1]

Bem, isso explica por que sempre tento avaliar a segurança antes da conexão. Se sinto que alguém não me transmite segurança, eu me afasto. Nunca entendi por que sinto essa sensação tão intensa de desconfiança, mesmo que a pessoa não esteja me ameaçando fisicamente. Quando me sinto insegura, no aspecto emocional, por causa de algo que alguém diz ou faz, tenho um desejo imediato de me afastar dele ou, pelo menos, de dar-lhe o mínimo de informações sobre minha vida. Então, no meu caso, quando me sinto emocionalmente insegura, tenho uma reação física.

---

1 LI, Pamela. "Neuroception: The Brain's Subconscious Threat", *Parenting for Brain*, 13 jan. 2024.

Acho muito interessante que, desde o começo do mundo, vemos essa mesma reação física ao medo e à desconfiança se manifestar nas pessoas da Bíblia. (Se você me conhece, sabe que sou fascinada pelos capítulos 1 a 3 de Gênesis, então lá vamos nós!) Em Gênesis 3, quando Adão e Eva comeram o fruto proibido e seus olhos se abriram não apenas para sua nudez, mas também para o conhecimento do mal, eles certamente sentiram uma sensação de medo. Como eles reagiram quando Deus se aproximou deles? Eles se afastaram e se esconderam. Em seguida, ficaram na defensiva e no ataque: Adão culpou a mulher, e a mulher culpou a serpente.

Esse mesmo padrão é encontrado mais à frente na Bíblia, na reação dos discípulos à prisão de Jesus (você pode ler sobre isso em Mateus 26:47-56 e em João 18). Eles fugiram. Negaram que o conheciam. Até mesmo Pedro – que, para defender Jesus, puxou sua espada e cortou a orelha de Malco, servo do sumo sacerdote Caifás – foi embora quando sua esperança de revolução foi frustrada e Jesus foi preso. Ele negou o Senhor três vezes. Que reviravolta de emoções! Primeiro, Pedro estava tão confiante que puxou sua espada; depois, sentindo o medo se instalar após perceber que, aos olhos humanos, Jesus fracassou, ele correu e se escondeu.

Oi. Essa sou eu. Eu também tenho essa reação. Quando as situações parecem arriscadas, quero fugir. De vez em quando, falo alto e digo coisas mais diretas do que normalmente diria. Não é que essas reações sejam necessariamente ruins, mas podem se tornar formas não saudáveis de lidar com uma situação. Se minhas reações começam a prejudicar um relacionamento, então isso se torna um problema.

Na minha segunda história da mala, o problema não era que a pessoa estava envolvida em atividades secretas e traindo minha confiança, nem que eu estava tão ferida pelo passado que não conseguia confiar novamente. O problema era que eu não sabia que uma mala indo embora era um problema. Eu não sabia que isso me impactaria com tanta força. Meu corpo não conseguia se acalmar e se sentir seguro no contexto de despedidas apressadas. Então, me encolhi dentro de mim mesma. Tudo o que eu queria era fugir totalmente daquela situação.

Depois aprendi que essa é uma resposta bastante comum em nós que temos feridas profundas. Todo trauma tem duas partes: o fato que aconteceu e o impacto que ele teve em nós. Quando descartamos nossos sentimentos e o que eles tentam nos dizer, nosso instinto inicial em relação a eles pode ser: 1. entorpecer, 2. ignorar, 3. atacar ou 4. constranger.

Vou ser bem pessoal agora e mostrar como essas respostas se manifestam.

1. Entorpecer

Às vezes, é difícil até mesmo entender o que estou sentindo quando sou inundada por medo e ansiedade. E, quando não consigo ligar de imediato os sentimentos que estou tendo com seu motivo exato, sinto-me tensa e hipersensível. Quando a situação da mala aconteceu no meu novo relacionamento, lembro de ter dito aos meus amigos: "Estou tendo sentimentos intensos" em relação a uma situação que seria pequena para outras pessoas. Eu tinha a opção de aguentar a dor para poder chegar à raiz do problema ou de fazer algo para aliviá-la.

Algumas pessoas se entorpecem assistindo à TV compulsivamente. Outras bebem álcool em excesso. São os famosos extremos. Em um extremo, exercitam-se demais, trabalham demais, comem demais ou se tornam autoritárias, controlando indivíduos e situações. No extremo oposto, tornam-se letárgicas, desmotivadas, incapazes de comer ou retraídas.

É interessante o fato de que lidamos com a dor emocional tomando essa rota do entorpecimento, semelhante à maneira como os médicos às vezes anestesiam nosso corpo para evitar a dor física. A psicóloga social dra. Naomi Eisenberger explica desta forma:

> *A falta de conexão com os outros cria dor. Não se trata apenas do desconforto da solidão, mas de sintomas análogos à dor física. De fato, as mesmas regiões do cérebro que respondem à dor física também respondem à dor social, isto é, aos sentimentos dolorosos associados à rejeição ou perda social.*[2]

Quem diria que a dor emocional e a dor física estão tão intimamente ligadas? Mas a pesquisa da dra. Eisenberger também revelou que "o uso de Tylenol amenizou 'sentimentos feridos', isto é, experiências de isolamento social e rejeição".[3]

No entanto, até mesmo a embalagem de Tylenol nos avisa que, se a dor persistir, precisamos procurar atendimento

2 EISENBERGER, Naomi; KOHLRIESER, George. "Lead With Your Heart, Not Just Your Head", *Harvard Business Review*, 16 nov. 2012.

3 Ibid.; DEWALL, C. Nathan; MACDONALD, Geoff; EISENBERGER, Naomi I. "Acetaminophen Reduces Social Pain: Behavioral and Neural Evidence", *Psychological Science*, v. 21, n. 7, jul. 2010. p. 931-937.

médico. Não devemos transformar esse alívio temporário da dor em uma solução permanente que impeça o corpo de nos enviar sinais de que algo precisa ser examinado. A dor nos leva a ter mais pressa em tratar o que precisa ser tratado. Se entorpecermos nossos sentimentos, perderemos o aviso que eles tentam nos dar. Ou seremos impedidas de olhar a fundo e explorar o que está acontecendo no interior.

2. Ignorar

Outro caminho que às vezes tomamos em resposta ao medo é ignorar nossos sentimentos. Um artigo recente da revista *Time* compartilhou algumas informações interessantes sobre os perigos de reprimir nossos sentimentos:

> *As emoções têm uma energia que nos impulsiona a expressá-las. Para reprimi-las, nossa mente e corpo usam táticas criativas, incluindo a contração muscular e o prender a respiração. Sintomas como ansiedade e depressão, que estão em ascensão nos Estados Unidos, podem decorrer da maneira como lidamos com essas emoções de sobrevivência subjacentes, automáticas e instintivas, que são forças biológicas que não devem ser ignoradas. Quando a mente impede o fluxo de emoções por serem avassaladoras ou conflitantes, ela estressa a si mesma e ao corpo, criando angústia e sintomas psicológicos. O estresse emocional, bem como o das emoções bloqueadas, não apenas tem sido associado a doenças mentais, como também a problemas físicos como doenças cardíacas,*

> *problemas intestinais, dor de cabeça, insônia e doenças autoimunes.*
> *A maioria das pessoas é governada por suas emoções sem ter consciência de que isso está acontecendo. Mas, uma vez que você percebe o poder das emoções, o simples fato de reconhecê-las em si mesmo pode ajudar muito.*[4]

Ler isso é realmente convincente.

Mas, então, por que será que, às vezes, prefiro evitar ser honesta com meus sentimentos para não ter de lidar com reações imprevisíveis de outras pessoas? Prefiro reprimir meus sentimentos porque: 1. espero que as coisas melhorem por conta própria, 2. não quero ficar vulnerável a ponto de outros terem acesso a minhas emoções sensíveis, 3. estou muito ocupada e parece haver coisas mais importantes para fazer. Desta forma, simplesmente sigo a vida, como se os sentimentos que estou restringindo não fossem tão reais.

O problema é que, mais cedo ou mais tarde, pagarei o preço por isso. Minhas emoções vão implodir (causando danos internos em meu corpo) ou explodir (causando danos externos aos outros, como uma bola de praia que finalmente escapa de ser segurada debaixo d'água). Reprimir parece algo inofensivo até percebermos que, com o tempo, emoções não resolvidas podem causar danos inimagináveis. Jim sempre me lembra: "Se não resolvermos nossas emoções, elas irão aparecer em nossas ações".

---

4 HENDEL, Hilary Jacobs. "Ignoring Your Emotions Is Bad for Your Health: Here's What to Do About It", *Time*, 27 fev. 2018.

3. Atacar

Quando sinto medo, às vezes recorro a frases sábias ou a passagens bíblicas para superar a dor rapidamente, forçando-me a ficar bem. É bom e certo confiar na sabedoria e no poder do Espírito Santo, que sempre nos guia à verdade de Deus. Mas não devemos usá-la para atacar a mensagem que nossos medos e angústias tentam nos transmitir.

Confesso que trato minhas emoções como se fossem um sinal de imaturidade espiritual. Às vezes, me pego fingindo não senti-las, como se não houvesse nada acontecendo dentro de mim. Depois, me vejo usando as Escrituras como uma arma contra minhas emoções, em vez de usar sua verdade para me ajudar a processá-las. Costumo citar rapidamente versículos como 2Timóteo 1:7: "Pois Deus não nos deu espírito de covardia, mas de poder, de amor e de equilíbrio". A verdade de Deus não me culpa por sentir medo; pelo contrário, ela me lembra de não me deixar ser consumida por ele. É normal sentir medo e ouvir a mensagem que ele pode estar tentando me enviar.

Deus quer que derramemos nosso coração perante ele em relação a qualquer coisa que esteja nos incomodando. O livro inteiro de Salmos ilustra isso. Nele há muita angústia, medo e ansiedade expressos sem a pressão de ter tudo resolvido nem de minimizar as realidades dolorosas. Deus não fica decepcionado conosco quando somos sinceras a ponto de não suavizar a realidade. Pelo contrário, é exatamente isso que ele deseja de nós, e isso é lindo. Então, por meio de nossas orações, lamentos e reflexão vulnerável, Deus pode guiar nossos sentimentos e nos ajudar a permanecer alinhadas com sua verdade.

4. Constranger

"Você precisa ser mais forte, Lysa! Não consegue se controlar? Use a cabeça! Controle-se! Não seja tão sensível. Você consegue lidar com isso. Não faça tanto drama por causa dessas coisas. É só superar e seguir em frente. Pare de ser exagerada."

Talvez as frases duras que você diz a si mesma sejam um pouco diferentes das minhas. Certa vez, perguntei às minhas amigas quais eram as frases que lhe vinham à mente quando se sentiam constrangidas, e elas responderam: "Você já deveria ter superado isso", "É só lidar com isso", "Não seja dramática", "Ignore e pronto", "Continue dizendo que você está bem, assim as outras pessoas não vão pensar que você é fraca", "Se controle. Tanta gente convive com isso, por que você não?"

O maior perigo desse monte de frases constrangedoras é nos deixar envergonhadas de sermos humanas e, assim, nos fazer negar nossa necessidade de cura. Às vezes, seres humanos se quebram. E isso dói. É preciso tempo e intencionalidade para curar nossas fraturas.

Imagine alguém lhe dizendo essas frases se você estivesse com uma fratura exposta na perna. Você iria tolerar que lhe dissessem para parar de ser tão sensível, para superar isso a fim dos outros não pensarem que você é fraca? É claro que não. Porém, às vezes, eu me constranjo com frases que nunca toleraria ouvir de outras pessoas. Ser curada requer cuidados delicados. Sou muito gentil com os outros; então, acho que é hora de eu aprender a me dar o mesmo nível de compaixão. Não é sábio correr com ossos quebrados, nem seguir a vida com o coração partido.

Quando nosso gatilho é acionado, automaticamente surgem ansiedade e medo. No entanto – em vez de nos entorpecermos, ignorarmos, atacarmos ou constrangermos –, vamos reconhecer que há uma razão para nosso corpo estar agitado e alarmado. Em seguida, vamos dar tempo para esses sentimentos nos dizerem para analisar a situação mais a fundo. Isso não significa que os deixaremos correr soltos e se transformarem em pensamentos catastróficos, mas, sim, que eles não devem ser ignorados.

Aposto que já lhe disseram justo o contrário. Para mim disseram. Afinal, Jeremias 17:9 diz: "O coração é mais enganoso que qualquer outra coisa, e sua doença é incurável. Quem é capaz de compreendê-lo?" Mas isso não significa que devemos deixar de lado nossos sentimentos para não sermos desviados por eles? Não. O que o versículo quer dizer é que não devemos dar ouvidos ao famoso "siga seu coração", depositando a confiança em nossos sentimentos sem ter a verdade de Deus a nos guiar, desafiar e mostrar o caminho certo a seguir. Curiosamente, o capítulo inteiro de Jeremias 17 trata da loucura de confiar nas coisas erradas.

Ainda assim, só porque nossos sentimentos não devem ditar o que fazemos, não significa que devemos ignorá-los por completo. Uma luz acesa no painel do seu carro não diz como resolver o respectivo problema, mas serve para avisar que algo precisa ser investigado mais a fundo... e o quanto antes. Tanto a dor física como a dor emocional são a forma de nosso corpo nos informar que algo precisa de atenção. Se sinto medo, essa é a forma do meu corpo me dizer para parar, pensar, refletir, investigar, fazer perguntas e processar o que realmente está acontecendo.

Se você não se sente segura com uma pessoa, não pode confiar nela de forma alguma. Sentir-se seguro é parte crucial do processo de avaliação de risco.

Para confiar, preciso *saber* e *sentir* que estou segura. Então, pergunte a si mesma:

- Por que estou me sentindo insegura agora?
- Como posso investigar o que meus sentimentos estão tentando me dizer?
- Por que não quero fazer perguntas à pessoa que está me preocupando?
- Quem poderia me ajudar a processar tudo isso e decifrar se esse aviso é sério?
- Devo apertar o botão de pausa até que isso esteja melhor resolvido? Quando?

Fazer essas perguntas não significa que encontraremos soluções rápidas para nossas preocupações, e sim que estamos fazendo a escolha certa de não ignorá-las. Admitir que temos preocupações é um grande passo para entender melhor de onde estão vindo nossos problemas de confiança. Então, voltando à nossa pergunta inicial: "Que sentimento é esse: discernimento ou gatilho?".

Eu diria a você que são as duas coisas. O gatilho pode significar que ainda há necessidade de cura. O discernimento pode estar nos dizendo para ir com calma. Nosso passado nos informa o que pode dar errado. Nosso presente nos lembra de investigar. Se ambas as coisas forem feitas com a motivação de nos trazer segurança, então deve haver muita graça para esse desejo, sobretudo se fomos repetidamente magoadas.

E, se a outra pessoa com quem estamos nos relacionando (seja em um novo relacionamento ou em um antigo que estamos tentando reparar) tiver algum problema com nossa necessidade de cura contínua, tempo e segurança, então esse pode ser o sinal de alerta mais revelador de todos. Claro, nada disso deve ser levado ao extremo, mas tudo bem dizer que você não está bem e, então, levar o tempo que precisar para descobrir por quê.

Você não é uma má pessoa nem está ficando louca por ter incertezas em relação à confiança. Você apenas leva os relacionamentos a sério e quer investir seu coração profundamente nas pessoas certas e da maneira certa. Sinto grande admiração pela coragem que você e eu temos ao continuarmos nos mostrando presentes, acreditando que os relacionamentos certos valerão a pena.

Só mais uma coisa...

A dificuldade em confiar após uma traição só pode ser resolvida no contexto de uma relação. Isso não significa que, para trabalhar nossa confiança, devemos retornar àquele relacionamento em que fomos feridas. (Se isso for possível, ótimo. No entanto, às vezes pode não ser possível nem seguro fazê-lo.) O importante é não nos isolarmos e tentarmos restaurar a confiança sozinhas.

Se nossa confiança foi traída em um relacionamento, ela tem de ser reparada através de uma conexão segura dentro de um relacionamento. Confiança requer tanto segurança quanto conexão.

Só quero dizer a você que, quando tinha acabado de passar por um desgosto e uma traição, não gostei nem um pouco desse último parágrafo. Eu achava que ninguém era confiável. Tudo o que queria fazer era me afastar de todos. Meu coração estava frágil. Meu sistema nervoso trabalhou em modo automático por tanto tempo que a menor coisinha podia desencadear em mim uma inundação de medo e outras emoções. Eu estava tendo reações desproporcionais a situações com que costumava lidar com facilidade. Para mim, era incompreensível a ideia de tentar me sentir segura em outro relacionamento... especialmente em outro relacionamento romântico.

Eu não estava pronta para voltar a me relacionar com um homem, e não havia problema algum nisso; pelo contrário, acho até que foi sábio. Então, comecei a trabalhar a confiança em outro tipo de relação: naquelas em que havia segurança e confiança constantes há muito tempo. Pode parecer estranho, mas, quando minha confiança foi esmagada pelo término do meu casamento, comecei a me sentir cética em relação a todo mundo. Lembro-me de ter olhado para minha melhor amiga, em quem confio de olhos fechados há anos, e me perguntar: "*Será que eu realmente a conheço como penso que conheço?*". Fiquei muito frustrada comigo mesma, até que entendi que esse tipo de pergunta faz sentido. Eu nunca tinha pensado que outras pessoas poderiam me ferir, mas agora sei que até pessoas aparentemente boas são capazes de trair minha confiança. Desse modo, comecei a listar todas as muitas maneiras pelas quais minha melhor amiga, inúmeras vezes, prova que é confiável:

- Quando diz que vai me ajudar, ela realmente aparece.
- Ela diz a verdade.
- Não há inconsistências estranhas em suas histórias.
- Ela guarda os segredos que lhe conto.

Então, na segurança desse relacionamento, assim como em alguns outros, comecei a ver que era possível confiar nas pessoas certas.

Depois, eu ainda queria ter outros relacionamentos, mas tive de traçar limites saudáveis em torno de assuntos que eram gatilhos para mim. Não é que essas pessoas não fossem confiáveis, mas é que dar a elas muita informação sobre meu mundo privado não estava me ajudando na minha jornada para recuperar a confiança.

Durante essa fase em que meu coração estava frágil e confiar parecia arriscado, em cada relacionamento precisei ser sincera sobre o que eu conseguia suportar e o que não. Afinal, é impossível voltar a confiar nas pessoas sem me expor a elas.

Levei anos para sair da zona de conforto daqueles que eu já conhecia e me aventurar a sequer pensar em tentar confiar em pessoas novas. Eu sabia que o maior desafio de todos seria sair em um encontro de verdade com outro homem. Depois de implantar limites claros e medidas de segurança, senti que meu coração estava disposto a pelo menos tentar. Falaremos mais sobre os altos e baixos nessa área em outro capítulo, mas a situação da mala acabou acontecendo com um homem seguro que estava disposto a se aproximar quando eu me afastava. Que estava disposto a descobrir o que eu estava sentindo sem se sentir ofendido e ficar na defensiva. Que estava disposto a criar um plano para que futuras despedidas não fossem apressadas, causando gatilhos. E que estava disposto a me informar seu paradeiro e suas atividades. E sabe o que é mais interessante? Por causa da maneira como ele lidou com minhas preocupações sobre despedidas apressadas, eu não precisei de nenhuma das informações adicionais que ele ofereceu. A maneira como ele foi paciente e gentil comigo me deu uma maravilhosa sensação de segurança. E, a partir daí, com o tempo percebi que é possível confiar.

Mas, por favor, ouça: não foi ele que resolveu meus problemas de confiança. Esse foi um trabalho interior que eu tive de fazer por muitos anos antes de conhecê-lo. Tive de trabalhar em fazer novas amizades e até mesmo em restaurar laços com familiares, colegas de trabalho e outras pessoas que conheço há muito tempo. Embora a confiança tenha de ser reparada no contexto de relacionamentos, não podemos esperar que os outros sejam nossa fonte de estabilidade mental e emocional. Precisamos conquistar essa estabilidade curando o que foi ferido dentro de nós. Precisamos trabalhar na cura do nosso interior para depois trabalhar na cura do nosso exterior, dos nossos relacionamentos.Com toda essa luta para confiar, cheguei às seguintes conclusões:

> *Preciso ser gentil comigo mesma.*
> *Preciso reconhecer o que estou sentindo e como estou respondendo a esses sentimentos.*
> *Preciso fazer perguntas. (É como Jim diz: "Em vez de ficar furiosa, fique curiosa".)*
> *Em vez de acusar, preciso adequadamente investigar.*

Precisamos trabalhar na cura do nosso interior para depois trabalhar na cura do nosso exterior, dos nossos relacionamentos.

E, em relação à pessoa que quer caminhar comigo, qual é a melhor coisa que ela pode fazer?

Ela pode ser gentil. E pode dizer: "Claro que você está se sentindo assim. É compreensível. O que podemos fazer agora é trabalhar juntos para que você consiga as respostas de que precisa".

Nem todos terão paciência e disposição para caminhar ao seu lado, conversando sobre preocupações relacionadas a dificuldades de confiança. Contudo, tenho descoberto que pessoas confiáveis estão dispostas a isso.

Lembre-se:

- A linha entre o discernimento saudável e os gatilhos causados pela dor do passado é muito tênue.
- Não devemos dar ouvidos ao famoso "siga seu coração", depositando a confiança em nossos sentimentos sem ter a verdade de Deus a nos guiar, desafiar e mostrar o caminho certo a seguir.
- Não basta me dizerem que estou segura; preciso acreditar nisso por mim mesma.
- A dor nos leva a ter mais pressa em tratar o que precisa ser tratado.
- Precisamos trabalhar na cura do nosso interior para depois trabalhar na cura do nosso exterior, dos nossos relacionamentos.

Receba:

"Não se amoldem ao padrão deste mundo, mas
transformem-se pela renovação da sua mente,

para que sejam capazes de experimentar e comprovar a boa, agradável e perfeita vontade de Deus." (Romanos 12:2)

"'Pois os meus pensamentos não são os pensamentos de vocês, nem os seus caminhos são os meus caminhos', declara o Senhor. 'Assim como os céus são mais altos do que a terra, também os meus caminhos são mais altos do que os seus caminhos e os meus pensamentos mais altos do que os seus pensamentos'." (Isaías 55:8-9)

Reflita:

- Como você tem feito para diferenciar gatilhos de discernimento?
- O que você pensa quando lê estas declarações?
  - É normal precisar de mais informações.
  - É normal fazer perguntas e checar o que é verdade.
  - É normal ser sincera e dizer que não suporta certas coisas.

Ore:

Deus,
A dor que sinto é real e profunda. Quando surgir um gatilho, ajude-me a saber o que fazer em vez de me entorpecer, ignorar, atacar ou constranger. Quando eu cair em desespero e só quiser me esconder, lembre-me de sua verdade e de seu plano para mim. Dê-me a coragem de

que preciso para fazer perguntas pertinentes e a sabedoria de que necessito para poder viver. Em nome de Jesus, amém.

Capítulo 3

Sinais vermelhos e raízes de desconfiança

Certa vez, minha amiga Linda perguntou se poderíamos sair para tomar um café. Ela sabia que eu estava trabalhando em um livro sobre problemas nos relacionamentos e queria ajuda para entender por que uma amizade de anos de repente se tornara fonte de grande angústia. Linda e sua amiga (vamos chamá-la de Cris) eram melhores amigas há alguns anos. As duas viviam juntas: almoçavam, viajavam nas férias e tinham momentos em família. Elas se divertiam, oravam, desabafavam e contavam uma com a outra nas horas boas e nas más.

Mas havia uma coisa incomodando Linda. Cris estava deixando de cumprir promessas importantes que havia feito. Uma vez ela esqueceu o aniversário de Linda, depois simplesmente riu e disse: "Nós comemoramos nossa amizade o tempo todo". Outra vez, prometeu cuidar dos filhos da amiga, mas, depois, pareceu indiferente com relação ao seu compromisso e não cumpriu sua palavra. Nesse dia, além de não se desculpar e admitir que se esquecera, Cris priorizou seus próprios planos e deixou a outra em uma situação difícil.

Linda era bem tranquila, então foi compreensiva com esses lapsos de memória.

Até então.

No momento, Linda estava se sentindo irritada e aborrecida com Cris. No fundo, ela se sentia ferida, como se não fosse importante o suficiente para ser lembrada.

Cris não reconhecia que suas ações mostravam descaso e começou a dizer que Linda estava esperando demais da amizade. Ao mesmo tempo, Cris esperava totalmente que Linda a ajudasse sempre que estivesse em apuros ou quisesse seu apoio.

Linda começou a sentir uma desconexão e estava ficando cada vez mais hesitante em se envolver com Cris. Quando eu disse que ela estava lidando com raízes de desconfiança, Linda ficou um pouco chocada e disse: "Não é que eu não confio nela; apenas sinto que não posso contar com ela". Linda não estava entendendo que o padrão de Cris de não aparecer e não cumprir suas promessas estava revelando as preocupantes características de alguém inconsistente e não sincero. Como resultado, a confiança no relacionamento estava sendo corroída.

Antes de entender que tudo isso estava relacionado a problemas de confiança na amizade delas, Linda viu os alertas vermelhos quando Cris a esquecia e a ignorava, mas não sabia como abordá-los. Ela continuou pensando que era melhor controlar seus sentimentos internamente, a fim de não entrar em conflito com Cris sem saber como verbalizar com precisão o que a estava incomodando.

Enquanto Linda conversava comigo, percebi que eu me identificava com sua história em muitos sentidos. Talvez você também se identifique. Eu já experienciei esse tipo de afeição confusa e desigual que, mais tarde, pode fazer você se sentir boba, usada e abusada. Para mim é ainda mais complicado, pois continuo pensando que a outra pessoa vai mudar, já que na maioria das vezes ela é uma boa amiga. O problema é que, com o passar do tempo, coisas que a princípio pareciam erros ocasionais se transformam em um padrão de comportamento, corroendo minha confiança.

Eu poderia contar sobre muitos relacionamentos meus em que não reconheci os sinais vermelhos até começar a sentir que não podia mais confiar na pessoa. A questão é: se você deixar esses alertas continuarem passando e a pessoa continuar demonstrando essas características, o impacto em você irá se multiplicar. A princípio, o aviso pode parecer uma pequena preocupação. No entanto, se continuar acontecendo e não for abordado, ele pode se tornar uma dificuldade constante que destrói o relacionamento.

Sempre que ouço a expressão "sinal vermelho", penso nas bandeirolas vermelhas colocadas na praia quando há condições marítimas que não devem ser ignoradas, como uma correnteza muito forte ou um mar impróprio para banho. Em outras palavras, se você ignorar esse sinal vermelho, você está nadando por sua conta e risco. Se você pular naquele mar ignorando a bandeira de alerta claramente afixada, você pode sofrer graves consequências.

As bandeiras vermelhas não estão lá para incomodar você ou estragar o seu dia de praia. Elas são sinais que estão lá para sua proteção.

Da mesma forma, os sinais vermelhos em nossos relacionamentos são avisos de problemas que precisamos observar e tratar. Quando ignorados, eles não costumam se resolver sozinhos; pelo contrário, viram problemas cada vez maiores, e a quebra de confiança decorrente pode ser grave. Portanto, é muito importante prestar atenção e reconhecer esses alertas: pode ser que haja algo de errado com alguém com quem nos relacionamos, ou que haja coisas que precisam ser discutidas.

No meu caso, o discernimento, na maioria das vezes, costuma vir como um pressentimento: ele cutuca meus pensamentos e não desaparece. Sempre defini discernimento como um saber profundo, como a capacidade de captar pistas que nos permitem reconhecer diferenças e inconsistências sutis, perceber quando algo não está como deveria e sentir instintivamente quando alguém está sendo desonesto.

Como eu disse antes, o problema do discernimento é que ele nem sempre vem com explicações. Porém, só porque você não sabe de tudo não significa que não deva prestar atenção aos sinais vermelhos que vê. Eu gosto de pensar que o discernimento é a maneira íntima como Deus cuida de mim, me guia, redireciona, adverte e revela coisas que, de outra forma, eu não perceberia sozinha.

Muitas vezes, meu cérebro e meu coração entram em conflito, especialmente quando se trata de relacionamentos que não quero perder. Meu cérebro dispara um aviso, mas meu coração tenta ignorá-lo, porque quero acreditar que essa pessoa que eu amo não iria me enganar, que ela realmente se importa comigo. Meu coração dá desculpas para tentar silenciar os avisos que meu cérebro está enviando.

Talvez seu coração seja mais cético e você ache difícil confiar em alguém. Cada vez que seu discernimento dispara, é só mais uma confirmação para manter a maioria dos relacionamentos à distância, porque há pouquíssimas pessoas em quem você confia. As pessoas pensam que você é incrivelmente resistente, não afetada pelas ações e palavras dos outros, e intimidadora ou distante. Contudo, a verdade é que você é incrivelmente sensível por dentro. Suas ações são o resultado de um voto de autoproteção que você faz a si mesma, a fim de que os outros nem sequer cheguem perto de ferir o que é tão vulnerável dentro de você.

Seja qual for a sua configuração, quando seu cérebro está enviando o sinal de que algo está errado ou não é seguro, você precisa de uma maneira sábia de examinar a realidade.

Uma das formas de exercer sabedoria mediante seu discernimento é evitar os extremos. Como acabamos de descobrir no capítulo anterior, tanto a segurança quanto a conexão são importantes em um relacionamento. E nenhuma das duas deve ser levada a um extremo que exclua a outra.

> *Um desejo exagerado de segurança pode levar a baixos níveis de conexão.*
> *Um desejo exagerado de conexão pode levar a baixos níveis de segurança.*

Não é sábio ficar o tempo todo ignorando minha necessidade de segurança só para manter a conexão com alguém. E vice-versa. Se eu levar minha necessidade de segurança ao extremo de evitar todos os riscos de um relacionamento, então eu terei pouquíssima conexão com os outros.

Essas duas palavras, *segurança* e *conexão*, estão diretamente ligadas à saúde da confiança em um relacionamento. Mas talvez seu problema não seja levar a segurança ou a conexão a extremos, e sim estar em um relacionamento com alguém que lhe dá cada vez menos sentimentos de conexão e, consequentemente, cada vez menos segurança, como foi o caso de Linda e Cris. Esse também é o caso de uma esposa encontrando cobranças alarmantes no cartão de crédito do marido; essa indicação de quebra de confiança na segurança financeira pode diminuir seus sentimentos de conexão com ele.

> *Segurança* e *conexão* estão diretamente ligadas à saúde da confiança em um relacionamento.

O que queremos são conexões seguras. Por isso é tão importante prestar atenção aos sinais vermelhos e saber como discernir sabiamente o que eles podem estar lhe dizendo.

Mesmo em bons relacionamentos, alertas podem aparecer de tempos em tempos. Talvez seus "sentimentos de alarme" precisem apenas de uma conversa esclarecedora e, então, você poderá determinar que este não é um alerta real, apenas um mal-entendido. Ou talvez o sinal esteja sendo causado por um pequeno problema de menor impacto. Mais adiante, veremos algumas maneiras de avaliar a seriedade de cada caso, mas, por favor, saiba que alertas nem sempre significam que a relação não é saudável ou está destinada a dar errado. Pode significar que conversas intencionais e honestas precisam acontecer. Em vez de deixar as coisas se deteriorarem, o ideal é cuidarmos do que está minando nossa confiança o quanto antes. Os sentimentos de confiança podem ir e voltar nos relacionamentos porque somos todos humanos imperfeitos. Deve sempre haver uma base de segurança e conexão, além de uma reserva de graça para contratempos ocasionais. Mas nenhum relacionamento deve nos causar medo.

Algumas pessoas acreditam que, quando você ama alguém, deve confiar nele incondicionalmente. Eu entendo o sentimento por trás disso. E gostaria que todos os relacionamentos fossem totalmente seguros, honestos e de acordo com a maneira como a Bíblia nos ensina a tratar uns aos outros. Gostaria que não houvesse a menor chance de uma pessoa tomar decisões que traíssem a confiança de outra. Mas todas nós sabemos que isso não é possível deste lado da eternidade. Então, em vez de ter como alvo uma confiança incondicional, que nos deixaria cegas e obrigadas a ignorar sinais vermelhos, precisamos mudar de uma crença cega para uma crença sábia.

Se a ideia de não dar confiança incondicional incomoda você, eu entendo. Também costumava pensar assim. Porém, indo direto ao ponto, se eu tivesse continuado a confiar de forma incondicional no meu casamento anterior, isso teria exigido que ignorasse comportamentos inaceitáveis e destrutivos para mim. Às vezes, Deus pode chamar você a dar espaço para que ele aja em um relacionamento em que há sinais de alerta. Eu fiz isso também. Mas, durante essa fase, foi necessário e sábio ter limites e condições claras para a confiança ser restaurada.

A confiança sábia exige que sejamos realistas. Embora as pessoas às vezes mintam com suas palavras, a verdade cedo ou tarde aparece em suas ações. Lembro-me de uma vez em que me queixava com uma amiga próxima, dizendo-lhe que eu não conseguia perceber o que era verdade ou não quando se tratava de alguém que havia traído minha confiança. Ela respondeu: "Sério? As ações dessa pessoa estão transmitindo uma mensagem bem clara para mim".

E ela estava certa.

Havia sinais vermelhos em meu relacionamento com aquela pessoa, e eles estavam indicando características que eram muito preocupantes. As ações dela impactavam negativamente a segurança e a conexão em nossa relação. E, quanto mais informações eu obtinha, mais percebia que ela não apenas diminuiu a confiança entre nós, mas a destruiu completamente.

Como acabei de mencionar, sinais vermelhos só têm valor quando fazemos bom uso do nosso discernimento. Então, vamos nos aprofundar um pouco mais nisso. Discernimento é o que nos dá a capacidade de exercer percepção "além dos fatos que nos foram dados".[1]

O discernimento é algo para o qual somos chamados como cristãos. Antes de subir aos céus, Jesus nos prometeu que deixaria o Espírito Santo conosco, o qual nos guia à verdade (João 16:13). Em outras palavras, o Espírito que habita em nós nos equipará e guiará para discernir entre a sabedoria de Deus e os caminhos tolos do mundo. Não devemos permitir nem justificar comportamentos que vão contra a sabedoria divina. Devemos discernir.

Devemos discernir nosso próprio comportamento e nossos relacionamentos, e Deus sempre nos capacita para tudo o que nos ordena fazer. Como diz Provérbios 17:24, pessoas que discernem sempre priorizam a busca pela sabedoria. Uma maneira de encontrá-la e praticar o discernimento é assumindo o compromisso de reconhecer e lidar corretamente com os sinais vermelhos em nossos relacionamentos.

Nas páginas seguintes, veremos uma lista de características preocupantes que podem ser sinais de alerta. Ela não deve ser usada contra outras pessoas de forma acusatória, mas, sim, para nos ajudar a encontrar clareza e discernimento, bem como uma linguagem útil para ter conversas saudáveis e produtivas. Podemos usar essa lista para entender melhor os sinais vermelhos que estamos notando e de onde as raízes da nossa desconfiança podem estar vindo. (Os sinais não são iguais.

---

1 Leland Ryken, James C. Wilhoit, Tremper Longman III (orgs.), *Dictionary of Biblical Imagery* (Downers Grove: InterVarsity Press, 2000), p. 207.

Precisamos mudar
de uma
confiança cega
para uma
confiança sábia.

Na seção "Só mais uma coisa...", darei a você uma ferramenta para ajudá-la a avaliar a gravidade deles.)

Ao ler sobre os alertas vermelhos, você notará que alguns parecem muito próximos em significado. Não se prenda às semelhanças de significados e exemplos. Cada sinal serve para perceber características diferentes nos outros (e em nós mesmas), as quais trarão clareza sobre o porquê de estarmos enfrentando problemas de confiança. À medida que diferentes relacionamentos vêm à mente, lembre-se de parar, sentar-se e orar sobre as revelações mais difíceis. Queremos que essa informação nos ajude a discernir o nível de confiança ou desconfiança que temos com a outra pessoa. A lista tem o objetivo de nos dar clareza sobre a origem da raiz dos nossos problemas de confiança em relacionamentos potencialmente problemáticos.

Sinal vermelho 1: Incoerência

A pessoa incoerente quer que os outros a vejam de uma maneira, mas age de forma completamente diferente. Suas palavras não correspondem ao modo como ela vive. Em outras palavras, seu interior não corresponde ao seu exterior.

Exemplos:

- Ela diz que é trabalhadora, mas não tem emprego e sempre culpa outros por isso. Em seguida, espera que outros a sustentem, para que possa ter o estilo de vida que deseja.
- Ela diz que está levando a sério o conselho do médico para comer de forma saudável, mas o extrato do cartão de crédito revela muitas idas a restaurantes fast-food.

- Ela se apresenta como gigante espiritual, sábia e madura, mas não tem moderação, não trata as pessoas com gentileza e paciência, é egoísta, espera ser tratada como especial, pensa que é superior aos outros ou acredita que as regras se aplicam aos outros, mas não a si mesma.

Sinal vermelho 2: Inconstância

A pessoa inconstante faz os outros se sentirem apreensivos, pois nunca sabem qual versão dela irão encontrar. Às vezes, ela é gentil; outras, não. Às vezes, ela age como se amasse você; outras vezes, parece fria e indiferente. Veja bem, todas nós temos dias ruins, mas esse é um padrão de dualidade que confunde qualquer um, deixando o relacionamento instável.

Exemplos:

- Você não sabe se ela a defenderia ou trairia caso ouvisse alguém dizer coisas maldosas a seu respeito.
- Ela jura que não contará seus segredos, mas depois você descobre que ela os usou para falar coisas negativas sobre você.
- Ela sempre se oferece para cuidar de seus filhos enquanto você e seu cônjuge saem para um encontro, mas é comum cancelar no último minuto quando o compromisso se torna inconveniente ou cansativo demais.
- A verdade e a exatidão das histórias que ela conta mudam dependendo do público.
- Seu comportamento e humor mudam drasticamente dependendo das circunstâncias. É facilmente seduzida a agir de maneiras não saudáveis quando as coisas não vão bem para ela.

Sinal vermelho 3: Hipocrisia

A pessoa hipócrita lhe dirá algo que acha que você quer ouvir, mas que não é o que ela realmente queria dizer. Você se sente desconfortável quando ela a elogia ou quando, sem muito entusiasmo, faz planos com você. Muitas vezes, depois de estarem juntas, você coloca a mão na cabeça e se pergunta: "*Será que essa pessoa realmente quis dizer isso, ou foi pura fachada para parecer legal, carinhosa e interessada?*"

Exemplos:

- Ela diz algo gentil só para encerrar uma discussão, já que não consegue lidar com confrontos, ou bajula você como se tudo estivesse bem, mas está escondendo alguma coisa.
- Ela diz que se importa com você, mas só liga ou manda mensagens quando precisa de algo.
- Ela diz que quer se encontrar com você, mas não faz o encontro acontecer.
- Você se sente exausta depois de estar com ela, por causa da ginástica mental que é tentar discernir suas verdadeiras intenções.

Sinal vermelho 4: Egocentrismo

A pessoa egocêntrica pensa apenas em si mesma. É como se o mundo girasse em torno dela. Não pensa que palavras e ações impactam os outros. Age de maneira áspera ou sem consideração, mas, quando você comenta, diz coisas como "Eu estou apenas sendo honesta" ou acusa você de ser sensível demais. Ela acredita que está sempre certa. Quer o que quer, e pensa que suas necessidades são mais importantes que as dos outros.

Exemplos:

- Em uma conversa, ela mantém a discussão focada em si mesma e no que está passando. Quase nunca pergunta sobre você e o que está enfrentando.
- Ela não se incomoda em fazer os outros a esperarem. Não considera o tempo alheio tão valioso quanto o dela.
- Nas raras ocasiões em que você tenta abrir seu coração, ela a ignora, minimiza sua dor e então diz que a luta dela é muito mais séria do que a sua.
- Ela pega seu carro emprestado, mas, quando devolve, ele está sem gasolina e cheio de lixo.

Sinal vermelho 5: Insegurança

A pessoa insegura carece tanto de confiança em si mesma que isso cria nela um profundo medo de que você a deixará. Ela espera que você satisfaça suas necessidades emocionais, o que se torna um fardo exaustivo, como se você tivesse que consertá-la. É como se quisesse que você a convencesse de que ela tem boas qualidades que nem mesmo sabe se tem. Essa pessoa pode ser ciumenta, mesmo sem uma razão legítima. Ela precisa de encorajamento incessante para se sentir estável em seus relacionamentos. Preocupa-se excessivamente com que você seja leal e comprometida com ela.

Exemplos:

- Ela costuma precisar de você de maneira exagerada, sendo muito dependente de ajuda para se estabilizar ou se sentir melhor consigo mesma.
- Quando vão juntas a uma festa, ela fica chateada com você por conversar com outras pessoas em vez dela,

porque não é segura de si mesma e de sua capacidade de socializar.

- Ela está constantemente perguntando: "Está tudo bem entre nós?" porque fica ansiosa demais sobre o relacionamento, mesmo que não haja motivos para se preocupar.
- Fica chateada quando você não concorda com algo que ela está fazendo, e joga na sua cara que você não está dando apoio suficiente.
- Ofende-se facilmente porque acredita que tudo tem a ver com ela e que o mundo conspira contra ela. Está sempre procurando razões para provar que você não se importa com ela.

Sinal vermelho 6: Imaturidade

A pessoa imatura age de forma infantil. Ela não pensa nas consequências de suas escolhas. Quando é pega, sempre culpa os outros. Quando algo a machuca ou ela não consegue o que quer, faz birra e tem ataques de raiva.

Exemplos:

- Costuma não assumir a parte dela em um conflito, respondendo: "Mas você...".
- Seu comportamento habitual se assemelha ao de alguém muito mais novo e menos desenvolvido emocionalmente do que o esperado para sua idade e fase de vida.
- Ela carece de autoconhecimento e parece surda no aspecto emocional.
- Ela acha que as consequências de sua irresponsabilidade devem repentinamente se tornar prioridade para você.

Sinal vermelho 7: Imoralidade

Essa pessoa carece de uma bússola moral, pois desconsidera os princípios do certo e do errado. Ela não vê problema em se envolver em comportamentos pecaminosos, ilegais, maldosos, ofensivos ou cruéis. Ela pode parecer íntegra em alguns ambientes, mas tem uma vida dupla ativa e secreta.

Exemplos:

- Ela rouba dinheiro da casa de seus pais quando os visita, achando que tem direito ao que eles conquistaram.
- Ela se envolve com pornografia e casos extraconjugais, o que é destrutivo para si mesma, seu cônjuge e outras pessoas ao seu redor, mas não se arrepende nem planeja parar.
- Ela justifica facilmente o uso de mentiras e trapaças para se destacar em sua profissão. Ela vê seu comportamento como algo necessário para conseguir o que deseja e sente que precisa se manter no topo.
- Ela separa sua vida secreta do restante de sua vida, sem se sentir culpada por mentir, manipular e fazer o que for preciso para proteger seu pecado.

Sinal vermelho 8: Rebeldia

A pessoa rebelde rejeita toda autoridade razoável. Se alguma autoridade tenta responsabilizá-la por algo, ela reage de maneira hostil e muitas vezes inicia uma campanha de difamação contra esse líder. Ela se faz de vítima. Não tem um espírito ensinável e não consegue ver que regras existem para o bem maior da comunidade.

Exemplos:

- Ela costuma beber e dirigir sem qualquer preocupação com o que pode acontecer consigo mesma ou com outros.
- Ela se recusa a levar seu chefe a sério quando recebe uma advertência, e não está disposta a receber feedback ou correção justa no trabalho ou em outra área da vida.
- Ela se opõe e se recusa a respeitar os limites de outras pessoas.
- Se é líder, ela não quer ser responsabilizada por um conselho de diretores, e vive violando os princípios que ensina aos outros.

Sinal vermelho 9: Incompetência

Essa pessoa se diz capaz de fazer algo que não tem o treinamento e experiência para realizar. Ela não reconhece sua incapacidade até que isso se torne um problema grande demais para negar. Ela tenta compensar sua falta de habilidade com conversas convincentes sobre seu progresso, mas nos bastidores as coisas não estão acontecendo como deveriam.

Exemplos:

- Ela diz que não precisa gastar dinheiro com um encanador porque consegue trocar o vaso sanitário sozinha, mas na verdade não sabe o que está fazendo.
- Ela aceita dar aulas sobre um tema que não domina, não tendo experiência teórica e prática no que quer ensinar aos outros. Por exemplo, ela quer dar aulas sobre controle de finanças, mas tem uma enorme dívida no cartão de crédito.

- Ela promete encontrar alguém para cuidar de um problema mas, depois, sem pesquisar avaliações, contrata alguém que faz um péssimo trabalho.

Sinal vermelho 10: Irresponsabilidade

Essa pessoa é relaxada. Ela prefere se divertir a cuidar de seus afazeres. Nem sempre ela é mal-intencionada, mas não leva as coisas tão a sério quanto deveria. Não sabe avaliar bem quanto tempo levará para realizar algo. Distrai-se facilmente daquilo que é importante a fim de aproveitar o que surge no momento.

Exemplos:

- Ela diz que vai pagar uma conta importante em dia, mas na última hora você descobre que ela não levou a sério ou não fez o que prometeu.
- Ela se oferece para passar no mercado para você, mas não anota sua lista e esquece um ingrediente crucial necessário para o jantar naquela noite.
- Ela expressa o desejo de ajudar você a colocar as crianças para dormir todas as noites, mas no fim vai assistir a um jogo de futebol, e você acaba fazendo tudo sozinha.

Sinal vermelho 11: Ego inflado

A pessoa com ego inflado pensa que é tão boa e importante que você não conseguiria se virar sem ela. Ela a torna refém da maneira dela de fazer as coisas porque acredita que sabe o que é melhor. Em uma conversa, ela estrategicamente mostra que você tem sorte de tê-la por perto, que é incapaz de fazer as coisas tão bem quanto ela, ou que ela é a melhor coisa que já lhe aconteceu. Você é o problema e ela é a solução.

Exemplos:

- Seu colega de trabalho não lhe dá parte de uma tarefa que seu chefe passou pois acha que você não consegue fazer o serviço tão bem quanto ele.
- O líder de louvor na igreja acha que tem um talento tão excepcional para tocar violão e cantar que não cede sua posição a outros, impedindo-os de servir nesse cargo.
- Às vezes, essa pessoa trata você como uma criança que precisa receber ordens e ser colocada em seu devido lugar.
- Ela lhe trata mal, mas diz que você precisa dela porque "ninguém vai amá-la como eu".
- Ele acha que é o melhor pai e se recusa a deixar as crianças sob seus cuidados se você não agir exatamente como ele.

No fim das contas, o que queremos é ter provas de que as pessoas em quem confiamos têm honestidade, integridade, competência, confiabilidade, compaixão, sabedoria, humildade e estabilidade. Mas nem sempre isso acontece. Às vezes, elas não querem mudar ou vivem em negação. A pessoa que vive em negação não consegue ou não quer ver as circunstâncias, os relacionamentos e a si mesma de forma realista. Quando outros tentam se envolver ou mostrar uma perspectiva diferente, essas pessoas se afastam ou fingem que concordam, mas nunca agem de acordo. Logo, esses sinais vermelhos nos ajudam a entender por que sentimos desconfiança em nossos relacionamentos e que problemas precisamos resolver.

Meu objetivo não é assustar você com esse monte de sinais de alerta e raízes de desconfiança, e sim ajudá-la a identificar com mais precisão quais são nossas preocupações quando temos dificuldade em confiar em alguém. Espero que este capítulo e o próximo ajudem você a usar uma linguagem mais específica e esclarecedora ao abordar suas preocupações.

Às vezes, só precisamos de ajuda para identificar a origem da verdadeira dificuldade que nos faz dizer: "Eu quero confiar em você, mas não consigo". Eu fiquei paralisada por muito tempo, incapaz de verbalizar e processar o que estava me corroendo quando meus sentimentos de desconfiança eram intensos, mas minhas palavras pareciam vagas. Depois de anos me empenhando em ajudar a mim mesma, essa foi a forma mais útil que encontrei para comunicar o que eu precisava dizer, para entender melhor de onde vinham minhas reais preocupações e para, finalmente, seguir em frente.

Só mais uma coisa...

Não basta identificar os sinais vermelhos nas pessoas ao nosso redor; é igualmente crucial avaliar a gravidade deles. Qual é o tamanho do problema? Eu fiz essa pergunta muitas vezes. É importante considerarmos vários espectros depois de identificarmos um alerta, mas antes precisamos ter um plano sobre o que fazer a respeito. Avaliar as preocupações em vários espectros a ajuda a não apenas dizer "Estou me esforçando para confiar em você", mas a conversar sobre essas preocupações com mais especificidade e clareza. Pense no seguinte:

- Espectro de gravidade: Esse sinal vermelho é gravíssimo, importante, problemático, inconveniente ou leve? Lembre-se de que todo trauma é composto por duas partes: fato e impacto. Observe ambas as coisas para determinar a gravidade do alerta para você, com base na singularidade do seu jeito de ser, das suas dores passadas e das suas necessidades e desejos.
- Espectro de frequência: Quantas vezes isso está acontecendo: o tempo todo, de vez em quando, raramente ou apenas uma vez? Ou seja, é um padrão constante ou foi um erro pontual? Quanto mais o sinal vermelho aparece, maior a probabilidade de que sua sensação de segurança com essa pessoa diminua.
- Espectro de risco: Quanto isso pode custar a você em termos emocionais, financeiros, mentais, espirituais e físicos? Quanto mais intimidade você tiver com essa pessoa, maior o risco. É fundamental calcularmos o custo para entendermos os desdobramentos a curto e longo prazo.
- Espectro de proximidade: Com que frequência essa pessoa interage com você? Ela mora na mesma casa e vocês se veem todos os dias? Essa pessoa é alguém com quem você interage diária, semanal, mensal ou apenas ocasionalmente? Você interage com ela pessoalmente, por telefone, pela internet ou pelas redes sociais? Quanto maior a frequência com que interage com essa pessoa, mais as ações dela impactarão você.
- Espectro de tolerância: Na fase atual da sua vida, quanto você está disposta a tolerar? A escala pode ser assim: em um extremo fica o "Eu não tolero isso"; no meio, "Eu posso tolerar isso às vezes" e "Isso raramente me

incomoda"; e, na extremidade oposta, "Isso nem aparece no meu radar".

Ao avaliar os sinais de alerta em seus relacionamentos atuais e potenciais, leve em conta esses cinco espectros para seguir em frente. Não se esqueça de que os avisos não são tão óbvios em relacionamentos mais recentes; pode levar algum tempo para perceber essas coisas, então dê tempo ao tempo. E, acima de tudo, seja honesta em relação ao que você está vendo e experimentando.

Lembre-se:

- Quando ignorados, sinais vermelhos não costumam se resolver sozinhos; pelo contrário, viram problemas cada vez maiores.
- O discernimento é a maneira íntima como Deus cuida de mim, me guia, redireciona, adverte e revela coisas que, de outra forma, eu não perceberia sozinha.
- Segurança e conexão estão diretamente ligadas à saúde da confiança em um relacionamento.
- Um desejo exagerado de segurança pode levar a baixos níveis de conexão.
- Um desejo exagerado de conexão pode levar a baixos níveis de segurança.
- Há uma grande diferença entre confiança cega e confiança sábia.

Receba:

"Esta é a minha oração: que o amor de vocês aumente cada vez mais em conhecimento e em

toda a percepção, para discernirem o que é melhor, a fim de serem puros e irrepreensíveis até o dia de Cristo, cheios do fruto da justiça, fruto que vem por meio de Jesus Cristo, para glória e louvor de Deus." (Filipenses 1:9-11)

"Mas, quando o Espírito da verdade vier, ele os guiará a toda a verdade. Não falará de si mesmo; falará apenas o que ouvir, e anunciará a vocês o que está por vir." (João 16:13)

"O homem de discernimento mantém a sabedoria em vista, mas os olhos do tolo perambulam até os confins da terra." (Provérbios 17:24)

"Eu os estou enviando como ovelhas entre lobos. Portanto, sejam prudentes como as serpentes e simples como as pombas." (Mateus 10:16)

Reflita:

- Seu coração está dando desculpas, fazendo vistas grossas e tentando silenciar os avisos que seu cérebro está lhe dando? O que você está dizendo externamente que não corresponde ao que está sentindo internamente?
- Em suas próprias palavras, qual é a diferença entre confiança cega e confiança sábia? Por que essa diferença é tão importante?
- Quais sinais vermelhos você pode estar ignorando em seus relacionamentos hoje?

Ore:

Senhor,
Peço sabedoria e discernimento para enxergar e avaliar corretamente sinais vermelhos. Antes disso, porém, quero confessar que estou abaixo das expectativas. Como todas as pessoas, eu tenho a propensão de exibir alguns dos comportamentos que vimos neste capítulo. Ajuda-me a não entrar na espiral descendente de condenar a mim mesma e a outras pessoas. Quero ser inofensiva como uma pomba e sábia como uma serpente (Mateus 10:16). Ajuda-me a permanecer humilde. Ajuda-me a olhar para a lista de sinais vermelhos com humildade e sinceridade, deixando o Senhor me mostrar o que fazer a seguir. Ajuda-me a lembrar que minha confiança precisa estar ancorada no Senhor e que, se eu permanecer ao seu lado, o Senhor me dará o discernimento de que preciso. Capacita-me a ver o que preciso ver, ouvir o que preciso ouvir, saber o que preciso saber, arrepender-me do que preciso me arrepender e confrontar o que preciso confrontar.
Em nome de Jesus, amém.

Capítulo 4

Rasgos E REMENDOS

Não é estranho que milhões de momentos que vivemos passam sem que sejamos capazes de nos lembrar deles? Esses instantes se tornam um turbilhão de memórias inespecíficas e sem muitos detalhes. Por exemplo, sem olhar no celular, o que você estava fazendo exatamente há cinco meses, às 14h? O que você estava vestindo? Com quem estava? O que tinha em sua lista de tarefas naquele dia? O que fez você rir? O que fez você chorar? Com o que você estava estressada? O que comemorou? O que queria ter feito naquele dia? Que orações fez? Se esse foi um dia normal, é bem provável que você não se lembre dele.

Fazendo as contas, em meus 54 anos de vida, já tive mais de 28 milhões de minutos. Minha calculadora pirou quando tentei multiplicar esse número por 60 para ver quanto isso significa em segundos. De qualquer forma, são muitos momentos com incontáveis detalhes que não ficaram gravados na minha memória.

No entanto, há algumas situações que permanecerão comigo para sempre. Consigo me lembrar delas com tanta precisão que é como se eu estivesse assistindo a um filme dentro da minha cabeça. Consigo narrar os mínimos detalhes. Consigo sentir o que eu estava sentindo, especialmente quando me lembro da dor inesperada de um relacionamento não ser o que eu pensava que era. Embora muita coisa tenha sido curada, às vezes ainda me sinto um pouco atordoada por aquela quebra de confiança.

Isso dói de maneiras que nosso coração não foi feito para sentir. Fomos feitas para nos unirmos aos outros, não para ficarmos separadas deles. A confiança quebrada compromete tudo o que há de reconfortante no amor.

Li uma vez que quanto mais intensa é a emoção no momento em que uma memória é criada, mais provável é que nos lembremos dela. Concordo muito com isso.

Um desses momentos que acho que carregarei comigo para sempre foi a noite em que eu soube que meu casamento havia acabado. Eu olhei para o teto, desesperada para acordar daquele pesadelo sem fim. Mas não havia como sair dele. Havia apenas um longo caminho a percorrer em meio aos destroços. Minha confiança foi severamente quebrada, muitas e muitas vezes. Até mesmo o esforço que fiz para restaurar o relacionamento pareceu inútil, considerando como tudo estava se desenrolando.

Logo a dor dessa jornada impactou todas as pessoas envolvidas: eu não perdi apenas meu casamento, mas muitos outros relacionamentos também mudaram para sempre. Até mesmo algumas amizades que eu pensei que resistiriam ao teste do tempo praticamente se desintegraram. A situação com os amigos do casal fica complicada quando um casamento acaba. As pessoas escolhem lados. E quando elas não sabem a história toda, você fica desesperada para contar seu lado a elas, mas nem sempre isso é possível. As pessoas têm seus motivos e seus próprios problemas, e elas chocam você.

Lágrimas escorriam dos meus olhos, mas eu não tinha mais forças para soluçar. Era como se meus olhos estivessem espremendo as últimas gotas de esperança que eu tinha de que as coisas pudessem se reverter. Silenciosamente, uma após a outra, elas caíram até parar.

Então eu tive uma sensação muito estranha de que este era o período de transição entre a vida que lutei tanto para manter e a vida que estava começando a ter, em que tudo era diferente. Nessa hora, sussurrei a única oração que consegui fazer: "Jesus, eu te amo, e o Senhor me ama. Isso é tudo o que eu tenho".

Queria poder voltar no tempo e dizer a mim mesma que, embora a confiança naquele relacionamento não pudesse ser restaurada, outras conexões voltariam. Alguns amigos voltaram. Familiares também. Meus filhos e eu encontramos nosso caminho em meio ao luto. E chegou um dia em que começamos a construir uma nova coleção de experiências memoráveis. Bons momentos que não esperávamos. De fato, o tempo não parou naquela fase de dor. Se há uma verdade sobre a vida após a perda é que ela segue em frente. E, com o passar do tempo, algumas pessoas continuam conosco e outras não.

Há relacionamentos que não duram porque uma das pessoas se afasta, seja o outro ou sejamos nós, quando temos um motivo sábio para isso.

Há relacionamentos que passam junto com as fases da vida.

Há relacionamentos que permanecem fortes como sempre.

E há relacionamentos que ficam complicados e incertos, porque a confiança foi quebrada. Mas, talvez, em vez de ir embora, a outra pessoa queira continuar ao seu lado. E você também. Então começa o árduo trabalho de restauração.

Porém, antes de nos aprofundarmos em maneiras de restaurar a confiança, vamos refletir sobre o que ela é e como funciona nas relações.

Acho que a expressão "os laços que nos unem" representa muito bem os relacionamentos. A confiança é composta por fios emocionais invisíveis e incrivelmente intrincados de conexão entre duas pessoas. Esses fios as mantêm unidas.

Eles trazem uma sensação de equilíbrio e estabilidade ao relacionamento. Quanto mais as duas partes honram esses fios de confiança, mais fortes eles se tornam. Embora não se possa enxergá-los com os olhos, podemos sentir a força de sua conexão em nosso coração. Quanto mais forte o vínculo, mais seguras ambas ficam em relação à qualidade da relação.

É muito gratificante saber que você pode contar com pessoas amadas e importantes em sua vida. Acho que um dos maiores sentimentos de segurança é saber que, mesmo que tudo no mundo desmorone, você ainda terá alguém ao seu lado.

Mas aqui está algo que nunca me disseram: essas poucas pessoas que compõem o pequeno círculo sagrado de conexão que você pensa que nunca mudará, podem não ser as mesmas até o fim da vida. "Amigas para sempre" é uma expressão que fica muito bem em uma postagem no Instagram, mas na vida real nem sempre é assim. Às vezes, promessas são quebradas. Pessoas mudam de cidade, desaparecem, falecem, afastam-se ou vão embora. Em alguns momentos, há quebra de confiança. Outras vezes, há apenas uma lenta erosão da ligação, o que diminui a confiança. Há também interrupções súbitas de confiança, quando dizem ou revelam algo que você não consegue esquecer, ou escolhem algo com o qual não consegue concordar. Ou escondem informações, e, em vez de ser a primeira a saber, você é uma das últimas.

Certamente também há momentos em que você e eu quebramos a confiança de outras pessoas. Às vezes, sabemos o que fizemos; outras vezes, não. É bom buscarmos respostas em relação a nossos erros, sempre com humildade. Se o outro estiver disposto a permitir a restauração do relacionamento, considere em oração o que você pode fazer. Vamos reconhecer nossas imperfeições e concordar em reler este capítulo quando nós mesmas precisarmos consertar as coisas com alguém. Por enquanto, leiamos pensando nas maneiras como outros quebraram nossa confiança.

Antes de reparar uma quebra de confiança, precisamos definir o que é preciso para considerar alguém confiável. Ao ler minha lista a seguir, sinta-se à vontade para alterá-la da maneira que quiser, a fim de que corresponda ao que seu coração precisa para se sentir seguro.

A meu ver, confiar em outra pessoa significa que posso ter certeza de que ela irá...

- Ser quem diz que é.
- Fazer o que disse que fará.
- Se mostrar presente com cuidado e compaixão.
- Dizer a verdade.
- Usar bom senso e sabedoria bíblica em suas decisões.

Enquanto eu pesquisava e perguntava sobre confiança, descobri que cada pessoa é única em seus pensamentos sobre o que é necessário para que alguém seja confiável aos seus olhos. Algumas das necessidades daqueles que entrevistei foram semelhantes às minhas, mas usaram palavras diferentes ou foram mais específicas. Veja se você se identifica com algum destes tópicos e se ele deveria estar na sua lista do que significa confiabilidade. Pessoas confiáveis:

- São autênticas.
- Nunca dizem: "Eu não devia contar isso, mas..."
- Mostram constância na maneira como tratam você.
- Não são temperamentais, imprevisíveis ou propensas a explosões de raiva.

- São criativas.
- Fazem-se presentes quando você precisa delas.
- Têm outros relacionamentos duradouros.
- Têm boa reputação.
- São leais.
- Tratam todos de forma justa.
- São humildes o suficiente para admitir que às vezes estão erradas.
- Assumem responsabilidade por seus atos.
- Não ficam de rodeios, mas vão direto ao ponto.
- São acessíveis.
- São cooperativas.
- Não manipulam nem trapaceiam.
- Respeitam a propriedade de outras pessoas.
- Respeitam seu tempo.

Bons relacionamentos são preciosos. Só porque a confiança foi quebrada não significa que o relacionamento deixou de ser bom. Às vezes, mesmo em relações sólidas, a confiança pode diminuir quando alguém erra não sendo responsável, não cumprindo sua palavra ou não se fazendo presente e demonstrando cuidado e compaixão como deveria. Para mim, o principal fator determinante da minha segurança com uma pessoa é a maneira como ela reage às minhas preocupações. Sinto-me mais esperançosa se ela me ouve sem animosidade e se busca entender o que eu preciso.

Meu conselheiro Jim me disse: “Para cada rasgo, precisa haver um remendo”. Gosto muito desse conselho. Se pudermos remendar os rasgos logo que eles acontecem, isso nos ajudará a administrar melhor nossas preocupações antes que elas se transformem em rompimentos totais. Chega um ponto em que pequenas quebras de confiança deixam de ser pequenas. Imagine uma corda que recebe um pequeno corte: a princípio, não se nota muito que ela está desfiando, até que se torna alarmantemente claro que pode se desfazer por completo.

Há também momentos em que experimentamos quebras de confiança muito mais significativas. Traições maiores não apenas nos deixam paralisadas, mas parecem que podem nos destruir. Quanto maior o rasgo, mais complicado e demorado será remendá-lo. Os laços que nos unem são incrivelmente fortes até que se tornam frágeis por causa de escolhas que fazemos, as quais cortam coisas que deveriam ter sido protegidas.

Restaurar uma confiança quebrada de maneira severa pode parecer assustador. Nem sabemos por onde começar. É difícil saber como remendar o que foi rasgado. É complicado unir outra vez o que nunca deveria ter sido separado.

A propósito, creio que também é importante que eu diga o óbvio: existem níveis de gravidade quando se trata de quebra de confiança. Como já mencionei, existem rasgos menores e rasgos completos. Colocando ambos em extremidades opostas de uma escala, você poderá identificar a gravidade da ruptura que experimentou. Só você sabe quanto isso lhe afetou.

Quando comecei a escrever o livro, achei que este capítulo seria um tanto genérico, algo como: "Essas são as coisas que quebram a confiança" e "Essas são as coisas que a restauram". Mas seria muito injusto com você e frustrante para mim supor que dar respostas prontas seria suficiente. Existem muitos fatores pessoais que tornam a gravidade da quebra de confiança única:

- A história de sua família de origem.
- As rejeições anteriores que você experimentou.
- Suas inseguranças pessoais.
- O quanto você é sensível.
- Quais são suas prioridades nos relacionamentos.
- O quanto essa confiança quebrada custou a você.
- Sua proximidade dessa pessoa.
- O quanto isso mudou suas circunstâncias de vida.
- Seu nível de tolerância às más escolhas que a pessoa fez.
- Se você acredita que essa quebra de confiança é um fator definitivo ou não.

A razão pela qual, antes de tudo, devemos definir o quanto essa confiança quebrada nos impactou de acordo com nossas próprias experiências é que isso está diretamente ligado a quanto tempo levará para restaurá-la e, mais importante ainda, se você acredita que a restauração é possível.

A confiança quebrada em pequenas proporções pode ser reparada, de modo geral, com uma conversa e alguns ajustes. Uma vez que isso aconteça, a segurança pode ser restabelecida e talvez até fortalecida relativamente rápido. O motivo disso é que, na maioria das vezes, as quebras que são de pequenas proporções são, na verdade, uma questão de confiança, e não de integridade. Por exemplo, posso parar de acreditar em você porque sempre se esquece das coisas. Mas esquecimento não costuma ser falta de honestidade, integridade e caráter. A quebra de confiança devido a uma questão de confiabilidade é tipicamente categorizada como uma falha, não como um padrão intencional de engano.

Ainda assim, é fato que, mesmo pequenos, muitos rasgos não remendados farão com que desconfiemos cada vez mais das pessoas. Quando o esquecimento se torna um padrão e não há melhora, a confiança quebrada começa a parecer uma questão de integridade. A pessoa deixa de ser esquecida e passa a ser vista como alguém que não cumpre sua palavra.

A confiança quebrada em grandes proporções leva muito mais tempo e esforço para ser restaurada. Uma amiga me disse que há um ditado nos Alcoólicos Anônimos: "Quanto mais você entra na luta, mais você sai do vício". Isso me faz pensar no quanto Deus entrou na luta para que não sofrêssemos por toda a eternidade por causa de nossos pecados. O maior e pior rasgo que existe é o pecado. Ele rasgou o relacionamento entre Deus e a humanidade. Um rompimento desse tamanho exigiu a mesma proporção de restauração da parte de Deus: foi preciso que ele se tornasse homem na encarnação a fim de remendar o rasgo do pecado. Foi a humanidade quem causou o rasgo. Consequentemente, Deus, através de Jesus, era o único que podia reparar o relacionamento e ainda prover um meio de obtermos maior intimidade com ele (2Coríntios 5:18-19).

Quanto maior a dor, mais longa é a jornada para a recuperação. A restauração da confiança gravemente ferida não deve ser feita com pressa. É preciso tempo e comportamento confiável para estabelecer um novo histórico na relação.

Não tente acelerar as coisas. Quero que guarde esta frase para o resto da vida: "Confiança exige tempo e um comportamento confiável constante; só então um histórico sólido poderá ser estabelecido".

O que faz com que a confiança quebrada em grandes proporções demore tanto para ser reparada é que você não apenas tem de lidar com um comportamento prejudicial. A verdadeira raiz que o causou são questões de caráter e integridade dentro do ofensor. Tentar resolver essas atitudes à base de conversa pode lidar com os sintomas, mas, se a raiz deles não for tratada, será difícil reconstruir a confiança nessa pessoa. É possível que as escolhas dela sejam um sinal externo indicando problemas internos, os quais podem requerer terapia especializada. O trauma de traição que a pessoa lhe causou pode ser resultado de um trauma não resolvido dentro dela. Mais uma vez, Jim sabiamente me ensinou: "Se não resolvermos nossas emoções, elas irão aparecer em nossas ações". Não se esqueça disso.

Mesmo que você não saiba dos traumas da outra pessoa, isso não significa que eles não existam. Honestamente, quanto mais aprendo sobre minha humanidade, mais me convenço de que todas nós temos traumas não curados que podem se tornar um impulso para fazermos coisas dolorosas para os outros. Mas isso nunca deve ser desculpa para nosso mau comportamento. Somos responsáveis por buscar a ajuda de que precisamos para não continuarmos transformando nossas dores passadas em dores descontadas nas pessoas com quem vivemos. E a pessoa que traiu você também é responsável por buscar a ajuda de que precisa.

Se ela se fizer de vítima, talvez não seja sábio tentar restaurar a confiança enquanto os problemas subjacentes não forem resolvidos. Sei que essa é uma afirmação e tanto. Mas, definitivamente, é algo que deve ser levado em consideração nesse processo. Não é seu trabalho consertar o outro. Para que o progresso seja real, você não pode trabalhar mais nele do que ele está disposto a trabalhar em si mesmo.

Agora, vamos supor que quem quebrou sua confiança esteja disposto a assumir os danos que causou e deseja consertá-los. O que você faz? O primeiro passo é entender melhor a origem desse rompimento. Começamos a falar sobre isso no capítulo anterior, mas, se esses sinais vermelhos se transformaram em quebras de confiança totais em seu relacionamento, como podemos continuar a restaurá-lo? Você precisará pensar no que a outra pessoa fez para que isso acontecesse. Pergunte-se: "*Qual é o verdadeiro problema aqui?*" Não estou falando do problema ou sintoma evidente, mas de suas raízes em áreas deficientes não curadas ou não saudáveis que agora causaram a quebra da sua confiança. A seguir, fiz uma lista de possíveis respostas para essa pergunta, juntamente com os sinais vermelhos correspondentes entre parênteses, para que você possa ver como eles podem se transformar em quebras de confiança se não forem tratados. Pense: essa desconfiança causada pela outra pessoa é um problema de falta de...

- Integridade? (Imoralidade, incoerência.)
- Competência? (Incompetência.)
- Confiabilidade? (Irresponsabilidade, inconsistência.)
- Cuidado e compaixão? (Hipocrisia, egocentrismo.)
- Bom julgamento? (Rebeldia, imaturidade.)
- Humildade? (Ego inflado.)
- Estabilidade? (Insegurança.)

Em muitos casos, trata-se de uma combinação desses fatores. E, frequentemente, quando essas quebras de confiança são misturadas com falta de comunicação, é como jogar gasolina no fogo: o dano é acelerado.

Para começo de conversa, vamos escolher a questão mais preocupante para você. Identificar o que falta à outra pessoa e o que está lhe causando sentimentos de desconfiança ajudará você a definir mais claramente se este é um rasgo grande ou pequeno a ser remendado. Mais uma vez, isso cabe inteiramente a você definir, com base na forma como as ações do outro te afetaram.

Para alguns, uma ruptura por falta de integridade tem maior impacto. Para outras, a incompetência é a pior causa de quebra de confiança. Isso também pode mudar dependendo do tipo de relacionamento que você tem com a pessoa que a frustrou. Algumas coisas têm impacto maior em você se aconteceram com seu cônjuge do que com um colega de trabalho. Independentemente disso, boa parte de determinar o que você precisa que a outra pessoa faça para remendar o rasgo é identificar, com precisão, de onde ele veio e quão significativo é aos seus olhos.

Em vez de avançarmos rapidamente, quero que respiremos fundo. Estamos lidando com coisas desafiadoras e áreas do coração que são sensíveis e podem precisar de um momento para processar o que acabamos de ler. Se estivéssemos juntas agora, eu diria: "Vamos lá fora dar uma volta". Se lágrimas precisarem cair, deixe-as cair. Se você estiver com raiva, diga em voz alta. O que eu gostaria era de olhar para o céu e ver que ele não está caindo. O que eu gostaria era que sussurrássemos uma para a outra: "É normal ter sentimentos intensos causados por quebras de confiança intensas. Você está bem e eu também".

Quando você descobre a raiz da desconfiança e o quanto ela a afetou, o trabalho de restauração pode começar.

Certo, é hora de outra lista. O que apresento a seguir deve ser um guia, não um checklist. Para quebras de confiança de pequena proporção, a lista do que você precisa da outra pessoa pode ser bem menor. Nem todos os passos serão aplicáveis e necessários. (Para ajudar com isso, coloquei um asterisco ao lado dos passos que podem ser mais apropriados para você considerar na situação que está enfrentando.)

Para quebras de confiança de grande proporção, essa lista deve ajudá-la a considerar um plano mais abrangente. Recomendo que aborde sua dificuldade ao lado de um conselheiro ou de uma pessoa de confiança especificamente treinada em traumas de traição. Não enfrente isso sozinha. Além disso, nesses casos graves é bom ter amigos de confiança que mantenham em segredo os detalhes de sua experiência e ajudem você a processar seus altos e baixos.

Para mim, essa jornada de restauração da confiança em alguém foi profundamente emocional. Não foi uma caminhada organizada, tranquila e sem maiores frustrações. Contudo, uma coisa a que me apeguei com firmeza foi o fato de que minhas necessidades eram importantes. Precisei discernir entre necessidades e expectativas irreais que às vezes eu trazia à tona, mas de uma coisa eu tinha plena certeza: para reparar a segurança no relacionamento, era crucial que quem me decepcionou estivesse totalmente comprometido com o processo de cura. Tendo isso, todo o resto iria se encaixar.

Novamente, use esta lista de necessidades para compor a sua, com base nas circunstâncias únicas que você experimentou e naquilo que ajudará a trazer segurança e confiança de volta ao seu relacionamento. Quem quebrou a sua confiança precisa...

- Contar tudo o que fez. Nem sempre é bom contar detalhes (não procure mais dor para sua vida), mas diga claramente o que você precisa saber. Contar tudo de uma vez é muito melhor do que ficar o tempo todo descobrindo detalhes do que aconteceu.
- Assumir responsabilidade pelo que fez.*
- Tentar entender como isso impactou você.*
- Reconhecer o que isso custou a você.
- Acolher suas perguntas e desejo de esclarecimento.
- Dar a você espaço e tempo para chorar e processar a dor, sem fazer você se sentir culpada, irritante ou fraca.
- Pedir perdão com um coração realmente arrependido.*
- Buscar maneiras de corrigir e compensar o que fez.*
- Estabelecer novos comportamentos em sua vida que o ajudem a melhorar nessa área.*
- Ser constante nos novos comportamentos até que se transformem em sua maneira natural de fazer as coisas.*
- Cumprir sua palavra nas pequenas coisas.
- Aceitar prestar contas.
- Praticar a vulnerabilidade.
- Cuidar de seus problemas mais profundos com um profissional capacitado, se necessário.
- Estar disposto a participar plenamente de um aconselhamento junto com você.
- Ser paciente com seus gatilhos e perguntar o que você precisa para se tranquilizar.
- Perceber que, quanto maior a ferida, maior o tempo até a cura, e desejar dar o tempo e a atenção necessários ao processo.

- Estar disposto a criar um futuro junto com você. Ambos terão de aceitar que o relacionamento consertado será diferente. Às vezes, a conexão ficará mais forte do que antes, mas, outras vezes, será como conhecer alguém pela primeira vez, mesmo que você o conheça há anos.

Lembre-se de que este trabalho de reparo de um relacionamento é muito pessoal e específico para suas necessidades, então reserve um tempo para pensar no que irá ou não ajudar na sua restauração. Seja sempre honesta ao identificar em que ponto você está nessa jornada. Haverá momentos em que será necessário recuar e fazer uma pausa. Em outros, você desejará avançar com maior intencionalidade. Várias vezes durante meu processo, pedi que Jim agendasse sessões bem mais longas do que apenas uma hora comigo, principalmente quando descobri o que aconteceu e entendi o tamanho da traição. Eu não era capaz de lidar com aquilo sozinha. Quando me senti tão insegura e arrasada, foi vital ter a proteção da presença e sabedoria do meu conselheiro.

Só você saberá o que precisa e quando. Seja gentil consigo mesma e honesta com os outros.

Ao encerrarmos este capítulo, quero lembrá-la de um presente maravilhoso que o Senhor nos deu e que ajudará você a avaliar em quem confiar: o fruto do Espírito (Gálatas 5:22-25). Esse fruto são evidências reais do Espírito de Deus trabalhando em uma pessoa e através dela. Se você procurar o fruto em suas ações, não terá de se preocupar com suas palavras. Afinal, qualquer um é capaz de dizer o que você quer ouvir, mas a verdade aparece em suas ações. Se as ações da pessoa estiverem alinhadas com o fruto do Espírito, provavelmente

Jesus a está guiando. E se Jesus a está guiando, você pode confiar que a boa obra dele está sendo realizada na vida dela.

Agora você pode estar se perguntando: "Não cristãos podem ser confiáveis?" Claro que sim. Se tiverem uma bússola moral forte, eles também podem mostrar muitas dessas mesmas qualidades. Mas, para os crentes, procurar o fruto das ações de alguém é a melhor maneira de determinar se eles estão falando sério sobre reparar a confiança com você. Esse fruto produzirá o comportamento confiável que dissemos ser necessário para determinar se é seguro restabelecer uma conexão real com quem te traiu.

É normal que você fique cética. E, honestamente, às vezes é sábio ficar cética. Mas o ceticismo desaparece à luz da verdade comprovada. É muito reconfortante reconhecer Jesus em uma pessoa. Quando alguém produz o fruto do Espírito constantemente ao longo do tempo, ele se torna menos misterioso e arriscado. Sua presença passará a tranquilizar você e sua ausência não fará você ter medo do que ele pode estar fazendo.

> *O amor substitui o egoísmo.*
> *A alegria substitui a irritação e as explosões de raiva quando as coisas não saem como desejado.*
> *A paz substitui o desejo de controle.*
> *A paciência substitui o temperamento acelerado.*
> *A amabilidade substitui a grosseria.*
> *A bondade substitui os desejos egoístas.*
> *A fidelidade substitui o incessante desejo de agradar a si mesma.*

A mansidão substitui a dureza no lidar com outros.
O domínio próprio substitui os impulsos desenfreados.

Em vez de ficar tensa sempre que tenta descobrir se as pessoas estão lhe falando a verdade, você terá tranquilidade ao ver os sinais da presença do Espírito nelas.

Porém, o que fazer em relação aos que dizem querer recuperar sua confiança, mas continuam querendo agradar a si mesmos? Com a boca, eles dizem o que você quer ouvir, mas continuam fazendo coisas erradas ou escondendo segredos dolorosos. Há algumas coisas certas, mas ainda há outras erradas, que fazem você se sentir desconfortável. A princípio, como essas pessoas se mostram melhores do que antes, você presume que elas estão no caminho certo. No entanto, o fruto do Espírito não é mostrado com cada vez mais constância. Pelo contrário, você vê essas qualidades reconfortantes cada vez menos.

A meu ver, qualquer um pode ser um bom ator e encenar bem. Acredite em mim, já vi narcisistas e dependentes químicos que mereciam um Oscar. Mas nenhum espetáculo dura para sempre. Ninguém consegue prender a respiração o tempo todo. Quando se trata de pessoas que fingem se importar com você porque isso lhes é útil de alguma forma, a reação delas da próxima vez que você as frustrar será muito reveladora.

Cedo ou tarde, aparece a verdade (ou a falta dela). O que está dentro de alguém sempre começa a vazar. Mesmo que, desta vez, ele pareça estar falando sério sobre recuperar sua confiança, basta um pouco de desonestidade para contaminar suas intenções.

O ceticismo desaparece à luz da verdade comprovada.

Mesmo que lhe diga várias verdades e apenas uma mentira, o engano é como um pingo de veneno: nos faz duvidar de tudo o que nos foi dito. Quando alguém está tentando restaurar a sua confiança, você fica especialmente sensível àquelas poucas mentiras que podem causar grandes estragos.

Uma vez, acompanhei uma amiga cujo marido estava fazendo um teste com detector de mentiras. Estávamos na sala de espera aguardando os resultados. Minha amiga queria muito que seu marido fosse aprovado e se animou quando soube que ele dissera a verdade em cinco das seis perguntas que lhe foram feitas. Porém, ficou confusa quando leu no laudo que o comportamento de seu marido era enganoso. Ela perguntou ao responsável pelo teste por que as cinco respostas verdadeiras não contavam, e uma única pergunta com resposta enganosa reprovara seu marido. Ele a olhou com um olhar penetrante e disse: "Seu marido não está sendo sincero com você e ponto final".

Naquele teste, cada pergunta era crucial. Não existia essa coisa de "foi só uma mentirinha". Era a inconsistência que dizia ao responsável pelo teste tudo o que ele precisava saber.

Você pode estender graça ao outro nesse processo, mas não deve ser uma graça descuidada em que mentiras são ignoradas.

É como eu disse antes: confiança se constrói com comportamento confiável e com tempo. As duas coisas são necessárias. Quando você as tem, um novo histórico de confiança pode ser criado. Quanto mais tempo a pessoa tiver esse histórico de constância, mais você poderá confiar nela e voltar a respirar tranquila.

É claro que ninguém é perfeito. É bem provável que haja erros ao longo do caminho. No entanto, não deve haver espaço para mentiras. Verdade precisa ser verdade. Quem determina o quanto vai tolerar incoerências é você.

Em todo relacionamento há risco de sofrimento. Confiar é sempre uma mistura de risco e recompensa. Porém, quanto mais os riscos são minimizados, mais as recompensas são maximizadas. E, em alguns casos, haverá a grande recompensa da confiança restabelecida.

Sou muito grata a Deus porque a confiança quebrada nem sempre significa o fim de um relacionamento. É lindo quando rasgos são remendados da maneira certa. Como a restauração da confiança requer boa comunicação, em alguns contextos as relações se tornam mais fortes. Fica muito mais claro o que cada um precisa e deseja no relacionamento. Há menos mistério. Há mais vulnerabilidade. E há uma conexão mais autêntica.

Tenho relacionamentos em que isso aconteceu e foi maravilhoso. Pode haver muita alegria na restauração da união. Mas também carrego a tristeza de outras relações que precisaram ser terminadas. Essa jornada me mostrou que sou mais forte do que pensava ser. Também me mostrou que tenho cicatrizes que foram curadas, mas que ainda são muito sensíveis ao toque. Meu coração é forte, mas às vezes é um pouco mais frágil do que costumava ser.

Por causa do que passei, é provável que eu sempre vá ter flashes de medo em meus relacionamentos. Perguntas "e se...?" que surgem em minha cabeça podem me deixar tensa, fazendo com que eu me feche momentânea e desnecessariamente para não me ferir. Mas agora sei o que fazer com todo esse nervoso. Eu não o desconto mais nas pessoas que amo, fazendo com que elas paguem injustamente pelos pecados de pessoas do meu passado. Eu fecho meus olhos e me lembro de relaxar. Eu me pergunto o que é verdade naquele momento e o que não é. Eu oro e peço sabedoria ao Senhor. Peço ajuda se precisar conversar com alguém confiável. Faço perguntas apropriadas. Procuro o fruto do Espírito. E me apoio na cura e sabedoria que recebi. Eu já fui derrubada antes e posso ser de novo. Mas uma coisa eu sei: não sou uma mulher que fica caída no chão.

Isso me lembra um conselho que um instrutor de paraquedismo me deu certa vez. (Não, eu não pulei de um avião; apenas desafiei a gravidade em um simulador.) Antes de eu entrar no grande tubo que lançaria ar em minha direção, o especialista disse: "Você vai querer se tensionar e se debater um pouco, já que tudo isso é novidade. Mas o segredo é relaxar, endireitar as pernas e manter o queixo erguido. Quando relaxar, não entre em pânico se a princípio sentir que está quase chegando ao fundo do tubo. Você vai afundar um pouco, mas depois vai subir". E ele estava certo. Minha experiência naquele tubo não teve a ver com ser uma boa paraquedista *indoor*, e sim com a vitória que senti quando quis entrar em pânico, mas não entrei. Eu deixei meu corpo liberar toda a tensão sem tentar controlar nada. Eu confiei no processo e deixei meu corpo afundar. E, antes que percebesse, eu subi.

Afundar me levou a subir.

Amiga, todas aquelas dolorosas memórias de confiança quebrada e todos aqueles enganos amargos (meias-verdades, verdades omitidas, verdades ocultadas e mentiras descaradas) às vezes irão reaparecer em seus pensamentos. Aquelas traições sempre farão parte do seu passado. Mas lembre-se: essa dor é apenas uma página ou alguns capítulos de sua história, e não

Você pode ter afundado em alguns momentos, mas agora é sua hora de subir.

a história completa. Você pode ter afundado em alguns momentos, mas agora é sua hora de subir. Vamos fazer um brinde aos dias melhores e às memórias belas que nos aguardam.

Só mais uma coisa...

(Esta parte é difícil. Se você não está com vontade de ler sobre relacionamentos que não vão dar certo, sinta-se à vontade para pular este trecho por enquanto.)

Existem pessoas que cometem traições arrasadoras, repletas de mentiras e descaso com o dano causado, bem como têm problemas de caráter profundamente enraizados, que tornam inútil a tentativa de restaurar a confiança. É impossível reconstruir uma confiança que continua sendo quebrada. Se a pessoa não foi totalmente sincera sobre a extensão de sua traição, contando todos os detalhes que você deseja saber, então trabalhar para confiar nela só criará cada vez mais dor.

Já estive em uma situação em que meu desejo de salvar um relacionamento obscureceu meu julgamento sobre o que era sincero e o que não era. Para mim, o maior indicador de que eu estava tentando dar confiança a alguém que não a merecia era que eu continuava descobrindo informações dolorosas. Meu desejo era que estivéssemos progredindo, mas a verdade era que não estávamos nem no começo do caminho.

O outro indicador de que eu não iria conseguir reconstruir a confiança com essa pessoa era a reação dela quando eu perguntava algo estranho ou que me incomodava. Às vezes, ela era paciente com minhas perguntas; mas, outras vezes, ficava hostil, o que só piorava minhas suspeitas legítimas e compreensíveis. Eu ouvia coisas como: “Sério que você ainda não superou isso? Até quando vou ter de dizer onde eu estava e o que estava fazendo? Não estou fazendo nada de errado. Você está agindo como uma louca".

Eu só queria era que ela dissesse: "Como aquilo aconteceu no passado, faz sentido que você tenha ficado nervosa por eu não estar onde disse que estaria. O que precisa que eu faça para você ficar tranquila? Vamos obter as provas de que você precisa para se sentir segura. E vamos inventar um jeito para isso não acontecer de novo".

Sem compaixão, honestidade, humildade e verdadeiro arrependimento por parte do ofensor, a confiança quebrada provavelmente continuará quebrada. Para haver confiança, é preciso que ambas as partes estejam dispostas a trabalhar no processo de restauração.

Em alguns momentos, desejamos que o outro seja o que nós queremos. Esperamos que ele se torne confiável. Damos o nosso melhor, mas às vezes toleramos demais. Pensamos erroneamente que perdão significa voltar para esse alguém e aceitar seu comportamento. Temos esperança. Continuamos lhe dando chances. *Desta vez, ele será alguém em quem posso confiar.* Mas suas ações sempre nos dizem que ele não é confiável. Em algum ponto, em vez de ouvir suas promessas vazias, teremos de ouvir a mensagem que ele está transmitindo com suas ações.

Nós, mulheres cristãs, sentimos uma enorme pressão para mostrar que nosso perdão é real, e às vezes parece que a forma de provar isso é, a qualquer custo, permanecer no relacionamento em que houve a traição. Contudo, Deus não é honrado quando você está sendo tratada de maneiras desonrosas e deploráveis. Fomos ensinadas que nosso amor deve ser incondicional, mas reconciliar-nos com alguém que quebrou nossa confiança da pior forma deve ser totalmente condicional. Só podemos voltar a confiar nas seguintes condições: se a pessoa está arrependida, se está buscando a ajuda de que precisa, se assume responsabilidade pelo que fez, e assim por diante. Tudo isso é necessário para promover nossa segurança, estabilidade, saúde e dignidade.

Lembre-se: às vezes a desconfiança é a única forma responsável de confiar. Em situações de quebra de confiança contínua, desconfiar não é um sinal de fraqueza, mas de grande força.

Lembre-se:

- A confiança quebrada compromete tudo o que há de reconfortante no amor.
- O ceticismo desaparece à luz da verdade comprovada.
- Você pode ter afundado em alguns momentos, mas agora é sua hora de subir.
- Deus não é honrado quando você está sendo tratada de maneiras desonrosas e deploráveis.
- Em situações de quebra de confiança contínua, desconfiar não é um sinal de fraqueza, mas de grande força.

Receba:

"Tudo isso provém de Deus, que nos reconciliou consigo mesmo por meio de Cristo e nos deu o ministério da reconciliação, ou seja, que Deus em Cristo estava reconciliando consigo o mundo, não levando em conta os pecados dos homens, e nos confiou a mensagem da reconciliação." (2Coríntios 5:18-19)

"Mas o fruto do Espírito é amor, alegria, paz, paciência, amabilidade, bondade, fidelidade, mansidão e domínio próprio. Contra essas coisas não há lei. Os que pertencem a Cristo Jesus crucificaram a carne, com as suas paixões e os seus desejos. Se vivemos pelo Espírito, andemos também pelo Espírito." (Gálatas 5:22-25)

Reflita:

- Considerando o que a outra pessoa fez para quebrar sua confiança, pergunte-se: "Esta quebra de confiança é um problema causado por falta de..."
  - Integridade?
  - Competência?
  - Confiabilidade?
  - Cuidado e compaixão?
  - Bom julgamento?
  - Humildade?
  - Estabilidade?
- Como sua perspectiva sobre a vida e os relacionamentos mudaria se você aplicasse os passos das páginas 102-103 cada vez que houvesse um rasgo ou ruptura que precisasse de reparo?

Ore:

Deus,

Ajude-me a entender que nem todo erro que alguém comete é uma quebra de confiança. Dê-me

sabedoria e graça ao avaliar essa diferença. Ajude-me também a não ignorar os rasgos que precisam de remendo. Obrigada por trilhar este caminho ao meu lado e por curar meu coração até aqui. Conforta-me saber que o Senhor entende profundamente a dor da traição que tenho experimentado. Dê-me coragem e paciência para enxergar a realidade ao meu redor e para ver o que é preciso para seguir em frente. Conforte meu coração quando o caminho parecer impossível. O Senhor é meu lugar seguro.
Em nome de Jesus, amém.

Capítulo 5

Eu não queria FICAR SOZINHA

Conforme os meses se transformavam em anos após o meu divórcio, a pergunta número um que eu recebia era: "Quando você vai começar a namorar?" *Namorar*. Essa palavra parecia tão estranha para mim. Namorar? Eu? Tenho cinco filhos adultos. Sou avó. Sou professora da escola dominical. Fui casada por quase trinta anos. E de repente não era mais.

Eu não queria tentar de novo.
Mas não queria ficar sozinha.
Eu não queria arriscar ser ferida de novo.
Mas não queria ficar sozinha.
Eu não queria estar tão intimamente ligada a outro homem a ponto de suas escolhas (sobre as quais eu não tenho poder algum) desencadearem consequências devastadoras na vida da minha família.
Mas não queria ficar sozinha.
Eu não queria me envolver no nível de confiança necessário para a proximidade romântica.
Mas não queria ficar sozinha.
Eu não queria dividir meu armário de novo.
Mas não queria ficar sozinha.

Na teoria, eu sabia que não estava totalmente sozinha. Tinha relacionamentos muito próximos. Tinha um grupo sólido e sabia que havia pessoas com quem eu podia contar. Mas havia momentos em que me sentia intensamente sozinha, a ponto de meu corpo doer.

Eu me sentia perdida em minha solidão. Sentia-me estranha, triste, esquisita, como se não tivesse me encaixado por completo na vida que havíamos construído como casados.

Solidão não é algo que acontece apenas quando não há ninguém por perto. Às vezes, solidão significa que você está carregando o peso de algo difícil sozinha. Os que estão ao seu redor são solidários, mas não conseguem entender a dificuldade que é ser você. Eles não podem entender o peso de ser uma mãe solteira, assumindo todas as contas e responsabilidades que costumavam ser divididas.

As pessoas se importam de verdade, mas ninguém quer ouvir uma resposta triste sempre que pergunta: "Como você está?". Em algum momento, eu apenas comecei a dizer que estava bem, porque qualquer outra resposta parecia um disco quebrado. Eu sabia que as pessoas não estavam com pena de mim, mas falar constantemente sobre minhas dificuldades me fazia sentir pequena e incapaz, como se minha vida se resumisse às consequências do divórcio. Além disso, algumas das ideias dessas pessoas não eram realistas. Às vezes, seus pensamentos sobre o que eu deveria fazer pareciam desprovidos de uma verdadeira compreensão do quão quebrado estava meu coração. É difícil se recuperar e simplesmente seguir em frente quando cada movimento que você faz parece tão arriscado, como se você estivesse se aventurando em uma terra estrangeira sem mapa, sem guia e com o medo intenso dos outros julgarem você por não seguir seus conselhos.

Às vezes, parece mais seguro guardar seus pensamentos para si mesma. Porém, quando não há com quem conversar e processar essas coisas, a solidão significa um monte de pensamentos, perguntas difíceis e medos emaranhados no interior. Se você vai para a cama com pensamentos confusos, acorda com emoções confusas. Sem alguém que lhe traga equilíbrio e garantias, você logo começa a andar em círculos.

É difícil se recuperar e simplesmente seguir em frente quando cada movimento que você faz parece tão arriscado.

A solidão não afetava apenas meus pensamentos, mas também minha segurança pessoal. Quando você está sozinha, não tem ninguém para ajudá-la a discernir se o barulho estranho que ouviu no meio da noite justifica uma ligação para a polícia. Caso se atreva a verificar o que é, fará isso por conta própria. Você está tremendo, mas da última vez era apenas um galho que estava batendo na sua janela. Provavelmente é algo assim de novo, mas e se não for? A solidão pode ser assustadora.

Além disso, quando sua pessoa mais próxima de repente não está mais lá, você é pega de surpresa ao ver o quanto o mundo espera que todos tenham alguém com quem possam contar se algo lhes acontecer. Lembro-me da primeira vez que preenchi papéis exigindo que eu listasse meus contatos de emergência. Meu peito apertou. Meu estômago se revirou. Eu não tinha mais meu contato de emergência. Para todos os outros que preenchiam papéis no consultório médico naquele dia, aquele era apenas mais um formulário irritante anexado a uma prancheta. Para mim, foi outro choque. Outra perda. Outra onda de tristeza.

Depois tirei férias em um lugar com paisagens lindas, mas acabei sendo a fotógrafa de todos os casais que estavam viajando comigo. Nas poucas fotos que pedi para tirarem de mim sozinha, eu parecia ter esquecido como ficar em pé de forma natural, e minhas mãos rígidas não faziam ideia de onde ficar.

Em seguida, foi a confirmação de presença em um casamento. Qual das duas opções é a menos difícil: marcar "mais uma pessoa" (sabendo muito bem que as chances de eu comparecer sozinha eram de quase 100%) ou declarar que iria sozinha (o que pareceu uma maneira intensa de anunciar mais uma vez que eu era a amiga divorciada)?

Eu estava cercada por casais. Eu adorava isso, até que passou a doer. Comecei a sentir que o cantinho do mundo em que eu vivia foi construído para casais: duas pessoas que andam juntas, sentam-se juntas, ficam em pé juntas, viajam juntas, tiram fotos juntas, chegam juntas e saem juntas.

"Mesa para dois?", as recepcionistas dos restaurantes perguntavam.

"Não, só para um. Sou só eu." Em alguns momentos, não senti dificuldades com essa situação. Mas houve casos em que isso se tornou um lembrete da enorme perda que tive em minha vida. Meu ex-marido já havia seguido a vida, e havia outra mulher sentada no lugar que eu costumava ocupar em frente a ele na mesa.

Eu não queria mais estar naquele assento, mas ainda parecia chocante. Alguns percebiam isso e me diziam palavras gentis, que deveriam ter me feito sentir notada, mas, em vez disso, me fizeram sentir estranha.

"Sinto muito por você."

"Saiba que você está sempre nas minhas orações."

"Não consigo imaginar o quanto isso é difícil."

Não há nada de errado com essas declarações. Tenho certeza de que eu já disse versões dessas mesmas frases bem-intencionadas para outras pessoas. O problema é que eu já estava sentindo que o divórcio não só me fez sentir extremamente sozinha, mas também diminuiu quem eu era, a maneira como os outros me viam e, o pior de tudo, a maneira como eu me via. Eu queria arrancar a palavra "divorciada" da minha vida. Mas, a cada novo dia, lá estava ela.

Então voltava a pergunta mais temida de todas: "Quando você vai começar a namorar?"

Adicionar encontros a essa confusão? Não, obrigada! Arriscar ter meu coração e minha confiança quebrados novamente? Não, obrigada! Ter medo de causar mais drama, bagunça e motivos para sentirem pena de mim? Definitivamente, não.

Minha decisão de não namorar tinha várias justificativas. Mas, sendo bem sincera sobre isso, namorar parecia ser como chamar para perto pessoas altamente imprevisíveis.

Eu sabia que, se alguém se aproximasse de mim o suficiente para ser conhecido como meu novo namorado, eu não poderia controlar a vida nem metade do que eu queria. Quando nossa confiança é quebrada, é tentador substituí-la pelo controle. Se eu posso controlar, não tenho que lidar com meus problemas de confiança. E quando eu digo "controle", quero dizer "fazer tudo o que posso para manter as coisas o mais previsíveis possível". Podendo manter o controle das situações, eu me iludo achando que posso evitar o risco de confiar.

Seu próximo passo pode não ser na área do namoro, mas o mesmo acontece em outras áreas. Na vida profissional, não preciso confiar que alguém fará seu trabalho se eu estiver microgerenciando suas tarefas. Nas amizades, basta impedir que as conversas se aprofundem muito e só me encontrar de vez em quando com as pessoas para garantir que não ficarei decepcionada nem serei uma decepção para ninguém. Independentemente das áreas em que você tem medo de confiar, quero provar que trocar o risco de relacionamentos sem garantias pela previsibilidade que queremos pode ser assustador.

Eu queria tanto o que parecia previsível que estava disposta a deixar de lado tudo o que era possível.

Eu pensava: "*Se eu não posso controlar o risco, não posso me envolver com um relacionamento de forma profunda*". Às vezes é sábio não ter conversas profundas quando estamos lidando com pessoas que não podemos excluir da nossa vida, mas que provaram não ser confiáveis. Mas não é sábio quando passamos a pensar isso em relação a todo mundo. Então nos vemos tentando controlar todos os nossos relacionamentos, usando declarações que afastem os outros de nós, como:

> *"Essa oportunidade parece boa, mas não sei se quero."*
> *"Ele parece um cara ótimo, mas não sei se estou interessada."*
> *"Gostaria de conhecer essa pessoa melhor, mas estou com muita coisa na cabeça agora."*
> *"Sei que temos que fazer esse projeto juntos, mas eu estava com tempo e já fiz a maior parte para adiantar."*

Todas essas respostas parecem razoáveis, mas será que são verdadeiras? Às vezes, eu agia como se não quisesse algo ou como se preferisse fazer sozinha, em vez de arriscar a sofrer mais. No entanto, se o que estou dizendo por fora não corresponde ao que estou sentindo por dentro, estou tentando controlar a história toda (ou, pelo menos, dar a ilusão de que estou no controle). Nos próximos capítulos, vamos nos aprofundar no que fazer quando a falta de confiança nos leva a querer mais controle. Por enquanto, vamos apenas reconhecer que é muito difícil confiar em uma nova pessoa sabendo que isso nos colocará em uma situação que não podemos controlar.

Eu disse a todos ao meu redor que nunca mais iria namorar. Afinal, namorar parecia um salto enorme para um desconhecido que me aterrorizava. Contudo, cada vez que eu dizia "nunca", algo se contraía dentro de mim. Eu tinha desejos que conflitavam com minha declaração. Minha recusa me fazia sentir no controle, o que era ótimo... até eu ansiar por alguém que me amasse novamente. Eu até declarei "não quero namorar" em um podcast famoso depois de já estar solteira há quase dois anos. Nesse dia, a moça que me entrevistava de repente transformou a conversa de "eu dando conselhos" em "eu recebendo conselhos". Ela foi muito amorosa e me fez chorar ao final da entrevista. Eu ainda não conseguia aceitar a possibilidade de namorar. Mas aquela apresentadora me disse algo que nunca esqueci: "Nunca é tarde demais".

De alguma forma, acreditei na ideia de que o fim do meu casamento significava o fim de eu me sentir verdadeiramente amada. Valorizada. Escolhida. Acho que, como professora de escola dominical, eu deveria dizer que Deus é o único que me satisfaz dessa forma. Sim, é verdade. Mas meu coração também desejava isso de um homem.

O "Nunca é tarde demais" da minha amiga podcaster grudou em mim. Agarrou-se a mim. Parecia irritantemente colado aos meus pensamentos. Nunca. É. Tarde. Demais. Ai.

No minuto em que consegui admitir que desejava ser amada por alguém, meus medos em relação a confiar me fizeram bufar e menear a cabeça.

Depois que tempo suficiente se passou para que as pessoas não se lembrassem mais da história, aquela apresentadora deu a seus ouvintes atualizações sobre suas esperanças para mim, chamando-me de "Nunca é Tarde Demais". Era estranho ouvir seu podcast e saber que secretamente ela estava se referindo a mim. Mas também era reconfortante ter alguém que acreditasse em boas possibilidades para minha vida.

Ela não teve pena de mim. Não me pressionou. Mas também não compactuou com meu plano de reduzir minhas possibilidades para o futuro apenas àquilo que eu podia controlar. Ela apenas continuou me lembrando de que havia mais em minha história do que eu podia ver sozinha.

É bom ter pelo menos alguns amigos corajosos o suficiente para fazer grandes orações e ver grandes coisas no seu futuro. Porém, quando você está se recuperando de um coração partido e de uma confiança quebrada, é muito importante que esses amigos também sejam sábios o suficiente para não colocar pressão indevida sobre você, e sim para continuarem lhe permitindo seguir seu processo. Eu gostava da minha amiga "nunca é tarde demais" o suficiente para deixá-la ter sonhos para mim que eu mesma não me permitia ter.

Outra amiga minha, Mel, escreveu em seu diário algo que ela claramente sentia que Deus estava lhe mostrando sobre meu futuro. Uma noite, estávamos jogando cartas no meu quintal dos fundos, e eu disse a ela: "Acho que vou ficar sozinha o resto da vida. Não acredito que consigo me arriscar a ser ferida de novo". Mel ouviu sem interromper, e eu continuei: "Talvez, com o tempo, eu me acostume a ser solteira. Pensando pelo lado bom, não vou ter que dividir meu armário".

Eu sorri. E então meu sorriso começou a tremer até que as lágrimas rolaram pelo meu rosto. Não consegui dizer mais nada.

Nunca é tarde demais.

É difícil seguir em frente quando o que eu realmente quero é algo do meu passado distante. Algo que eu não consigo alcançar, que eu não posso tocar, mas que ainda está muito vivo em minhas lembranças.

No meu caso, eu não queria trazer de volta a pessoa do meu passado. Eu queria era trazer de volta os pensamentos inocentes que costumava ter sobre meu casamento. Queria trazer de volta a sensação de saber que eu tinha alguém. A sensação de poder confiar que esse alguém queria o meu bem. A segurança de que aquilo que ele havia investido em nossa vida juntos era suficiente para que ele protegesse nossa visão de futuro, pois ele a queria tanto quanto eu.

É claro que minhas lembranças daqueles tempos deviam conter mais ideias de como eu queria que as coisas fossem do que fatos de como elas realmente foram. Mas, ainda assim, as fotos na minha mente eram de uma época em que eu me sentia mais confiante em relação ao meu futuro.

Agora era como se eu estivesse constantemente virando esquinas, sem a menor ideia se eu me sentiria bem com o que veria ou amedrontada com o que estava me esperando.

Mel me disse: "Você está em uma fase boa da sua história. Já se esforçou bastante para se tratar. Processou tudo o que aconteceu, orou, passou por aconselhamento. Levou o tempo que foi necessário. Eu a conheço o suficiente para saber que a noite triste de hoje não é o que tenho visto nos últimos dois anos. Você não está mais consumida pelo passado. Antes você não parava de falar comigo sobre o que aconteceu. Mas agora essa fase passou. Eu a vejo olhando para frente com alegria, risadas e esperança. Acho que você está pronta para namorar.

E o que sinto que Deus me mostrou é que não vai demorar muito para isso acontecer".

Passou outro longo período e nada mudou. Não tive uma epifania que de repente me tornou corajosa o bastante para criar mais oportunidades para o meu futuro. Não tive uma reviravolta importante em que percebi que, a longo prazo, controlar não seria um bom substituto para confiar. Não acordei certo dia com uma placa de neon me dizendo que eu estava pronta para começar a namorar.

Meus amigos achavam que eu estava pronta. Jim achava que eu estava pronta. Mas eu não iria acreditar enquanto não desse um passo. Um pequeno passo. Uma pequena declaração de que eu tinha parado de deixar meus medos me segurarem e de duvidar do meu próprio discernimento. Às vezes, quando suas decisões passadas geraram resultados chocantes, isso pode deixá-la hesitante em confiar que você é capaz de tomar decisões sábias no futuro. Eu não queria repetir o erro de me sentir capaz de identificar problemas e depois ignorá-los, nem de me forçar a pensar que estava fazendo tempestade em copo d'água. Será que eu poderia confiar em mim mesma para ver as coisas com mais clareza? Para dar nome às coisas que eu via? Para escolher não esperar que um sinal vermelho virasse um incêndio antes de chamá-lo de vermelho? Eu não sabia. E nunca saberia enquanto continuasse tentando analisar se estava pronta para isso. Eu teria de experimentar confiar em mim mesma na vida real, relacionando-me com pessoas reais.

Então, o primeiro pequeno passo que dei foi parar de usar a palavra "nunca". Não foi um passo em direção a um relacionamento, nem para afirmar que eu estava pronta para confiar em alguém, ou mesmo para dizer que eu estava pronta para namorar. Foi apenas um pequeno passo para perto de estar aberta à possibilidade, e para longe de duvidar de mim mesma.

> *Às vezes, quando suas decisões passadas geraram resultados chocantes, isso pode deixá-la hesitante em confiar que você é capaz de tomar decisões sábias no futuro.*

Ironicamente, mais uma vez eu estava com Mel em uma tarde qualquer, quando outra amiga me mandou uma mensagem dizendo: "Sem querer pressionar você, mas aceitaria sair com um amigo do meu marido? É um cara maravilhoso. Ama Jesus".

Eu ri, li a mensagem para Mel, e imediatamente comecei a digitar uma recusa educada.

Porém, Mel me disse de forma gentil e delicada: "Lysa, talvez este seja um pequeno passo, algo bom e seguro. Talvez seja agradável, você sinta paz de Deus e pense: *'Sim, este é o primeiro passo certo'*. Ou talvez seja péssimo e você descubra que ainda não é hora para isso. Ou talvez seja algo intermediário, algo do qual você não tenha certeza e precise de tempo para descobrir se é o certo para você".

Eu agarrei minha cadeira. Mel continuou. "Você não precisa tomar uma decisão enorme sobre confiança agora. Não precisa decidir se está disposta a arriscar dar seu coração a alguém e pular de cabeça em um relacionamento. Apenas dê um passo para frente."

Essa foi a mudança que eu precisava. Eu não precisava definir meu futuro para dar um passo em direção a ele.

Não precisava decidir se namorar faria parte do plano ou não. Mas também não precisava limitar como o futuro poderia ser.

Não importa se minhas ilusões de me manter segura tentando ficar no controle parecem boas; elas não funcionam. O futuro está chegando, queira eu ou não. E o futuro, assim como o presente, terá muita coisa completamente fora do meu controle.

É como quando eu era menina e ficava com medo de sair da escada rolante. Aos meus olhos de criança, as bordas afiadas, desaparecendo no lugar onde eu deveria descer, pareciam os dentes de um monstro. Então eu começava a subir as escadas que se moviam para frente. Mas, enquanto eu subia e os degraus continuavam descendo, não conseguia acompanhar o ritmo. Eu estava sendo empurrada para frente. Era muito mais arriscado deixar a escada rolante me empurrar para fora do que eu simplesmente sair dela. Eu estava com medo, mas ainda assim saí. E não fui engolida pelos dentes do monstro. Não havia monstro. Tudo o que eu tinha que fazer era dar um passo.

E então eu dei. Não foi tudo lindo e maravilhoso, mas também não foi horrível e perigoso. Bônus: eu não surtei nem desmaiei. Apenas coloquei um pé na frente do outro. E o ritmo de seguir em frente pareceu muito mais empoderador do que eu jamais pensei que fosse possível.

Só mais uma coisa...

"Posso confiar nesta pessoa?" é uma pergunta e tanto. Quanto mais nos sentimos pressionadas, interna ou externamente, a dar uma resposta definitiva, mais arriscado o resultado parecerá. Como você pode saber se alguém que quebrou sua

confiança agora é capaz de tratá-la com responsabilidade? Isso levará tempo. Lembre-se: quanto maior a traição, maior o tempo necessário para restaurar a confiança.

Como você pode saber se uma nova pessoa em sua vida é confiável? Isso também levará tempo.

Como você sabe que pode confiar em si mesma para discernir a confiabilidade de alguém sendo que você já errou nisso antes ou foi tratada como louca por fazer perguntas quando as coisas não faziam sentido? Novamente, tudo isso levará tempo.

Mas o tempo por si só não é suficiente. Quero lembrar que criar ou restaurar a confiança requer três coisas: tempo, comportamento confiável e um histórico de confiabilidade. Dar pequenos passos permite que essas duas coisas aconteçam.

Na minha vida, eu sabia que, se fosse capaz de me reconectar com pessoas que quebraram minha confiança no passado ou se considerasse ter um novo relacionamento, isso não aconteceria da noite para o dia. Eu também sabia que, se eu fosse aprender a confiar na minha própria capacidade de ter um discernimento sábio e restabelecer minha confiança em ouvir o Senhor, isso precisaria acontecer lentamente. O texto de Isaías 30:19-21 tem sido um grande conforto para mim quando dou esses pequenos passos em direção à confiança:

> *Ó povo de Sião, que mora em Jerusalém, você não vai chorar mais. Como ele será bondoso quando você clamar por socorro! Assim que ele ouvir, lhe responderá. Embora o Senhor lhe dê o pão da adversidade e a água da aflição, o seu mestre não se esconderá mais; com seus próprios olhos vocês o verão. Quer você se volte para a*

direita quer para a esquerda, uma voz atrás de você lhe dirá: "Este é o caminho; siga-o".

O princípio dessa passagem é que Deus nos responde quando clamamos a ele. A "direita" e a "esquerda" mencionadas aqui significam que, se você permanecer dentro da vontade e do mandamento de Deus, estará indo em sua direção e irá ouvi-lo. Ele guiará você. Em outras palavras, o objetivo é viver uma vida coerente, uma vida que se alinhe à Palavra de Deus.

Mas e a lentidão de todo esse processo de confiança? E a dor de esperar para ver se alguém é confiável ou não?

O contexto histórico da passagem que lemos me traz grande conforto diante dessas perguntas compreensíveis. Isaías estava falando aos israelitas durante um período de espera. A ideia é que a espera pode ser solitária e, às vezes, podemos nos sentir derrotadas. A espera também pode nos fazer sentir incrivelmente ansiosas quando há tantas incógnitas. Mas lembre-se disto: sempre que estamos esperando *em* Deus, estamos na verdade esperando *com* Deus. O fato de que o Mestre está "atrás de você" traz à mente a proximidade de Deus. Um estudioso do Antigo Testamento disse assim: "A expressão 'Uma voz atrás de você' transmite tanto a ideia da proximidade de Deus, o Mestre, quanto da sensibilidade do aluno".[1]

Quando perguntei ao meu amigo dr. Joel Muddamalle sobre esses versículos, ele disse: "A natureza atenta do seguidor de Deus que deseja ser guiado por ele é algo importante

---

1 OSWALT, John N. *The Book of Isaiah, Chapters 1–39*. The New International Commentary on the Old Testament. Grand Rapids: Eerdmans, 1986. p. 560.

aqui. O Novo Testamento explica isso com o conceito da vida cheia do Espírito. Somos guiados pelo Espírito não com base em nossa própria ambição, mas pela visão e direção de Deus" (Gálatas 5:16-25; João 16:13).

E, se errarmos, virando para a esquerda ou para a direita e saindo da vontade de Deus? Quando isso acontecer, Deus nos chamará e nos colocará de volta no caminho certo. Uma das coisas que muitas vezes esquecemos é o fato de que Isaías não esperava perfeição. Ele presumiu que haveria momentos de erro, momentos em que nos desviaríamos. Porém, quando isso acontecer, se nosso coração estiver disposto a receber correção, podemos ter certeza de que Deus nos redirecionará.

Lembre-se:

- Quando nossa confiança é quebrada, é tentador substituir a confiança pelo controle.
- Solidão não é algo que acontece apenas quando não há ninguém por perto. Às vezes, solidão significa que você está carregando o peso de algo difícil sozinha.
- É difícil se recuperar e simplesmente seguir em frente quando cada movimento que você faz parece tão arriscado.
- Trocar o risco de relacionamentos sem garantias pela previsibilidade que queremos pode ser assustador.
- Às vezes, quando suas decisões passadas geraram resultados chocantes, isso pode deixá-la hesitante em confiar que você é capaz de tomar decisões sábias no futuro.

Receba:

"Ó povo de Sião, que mora em Jerusalém, você não vai chorar mais. Como ele será bondoso quando você clamar por socorro! Assim que ele ouvir, lhe responderá. Embora o Senhor dê o pão da adversidade e a água da aflição a você, o seu mestre não se esconderá mais; com seus próprios olhos vocês o verão. Quer você se volte para a direita quer para a esquerda, uma voz atrás de você lhe dirá: 'Este é o caminho; siga-o'." (Isaías 30:19-21)

"Mas, quando o Espírito da verdade vier, ele os guiará a toda a verdade. Não falará de si mesmo; falará apenas o que ouvir, e lhes anunciará o que está por vir." (João 16:13)

Reflita:

- Você acha difícil esperar a lentidão do processo de confiar em alguém? Por quê?
- "Quanto maior a traição, maior o tempo necessário para restaurar a confiança." Você concorda com isso? Como essa afirmação se aplica à sua experiência pessoal?

Ore:

Senhor,

O Senhor conhece meu desejo de ter relacionamentos próximos baseados em verdade e bondade. O Senhor também vê minha tendência

de tentar controlar minhas circunstâncias e as pessoas ao meu redor quando as coisas parecem assustadoras e desconhecidas por causa do que eu já passei. Ajude-me a dar um passo adiante, sendo a pessoa curada que o Senhor vê em mim, aquela em que o Senhor está me transformando. Tudo parece confuso e imprevisível, mas sei que posso confiar no Senhor e na maneira como está trabalhando em mim e por mim.
Eu oro em nome de Jesus, amém.

Capítulo 6

Como posso confiar em Deus se não entendo por que ele permite certas coisas?

Há muita coisa que eu não entendo. Não entendo por que bons relacionamentos às vezes dão muito, muito errado. Não entendo por que duas pessoas podem olhar para a mesma situação e ter duas interpretações completamente diferentes do que aconteceu. Não entendo por que uma amiga em quem confiei por anos de repente se virou contra mim, causando uma avalanche de dor e sofrimento. Não entendo por que um familiar com quem compartilho boa parte de minha história, uma conexão que vai fundo no DNA, de repente fez algo tão chocante que não consigo mais confiar nele. Não entendo por que pessoas que pareciam ser tão boas acabaram sendo aquelas em quem eu nunca deveria ter confiado.

Eu não teria tratado ninguém dessa forma.

Aí está: a declaração que faz eu querer me afastar conforme a desconfiança se instala.

Eu não teria feito o que ela fez.

Eu não teria enviado uma mensagem tão cruel.

Eu não teria acusado um amigo antes de apurar os fatos.

Eu não teria presumido que uma amiga tinha péssimas intenções, sendo que seu histórico mostra que ela tem bom coração.

Eu não teria deixado de aparecer sabendo que alguém estava contando comigo.

Eu não teria me virado contra ele como ele se virou contra mim.

Eu não teria pegado o que não era meu.

Eu não o teria enganado, mentido e traído.

Eu não teria falado sobre ela de maneira tão dura.

Pelo menos, tenho quase certeza de que não teria feito o que eles fizeram. É claro que, se não fosse a graça de Deus, eu poderia fazer muitas coisas que nunca pensei que faria. Porém, "eu nunca faria isso" não é uma frase que se aplica apenas às ações de outras pessoas, mas a meus pensamentos sobre Deus.

Eu não teria escrito a história assim. Eu não teria permitido que isso acontecesse. Eu não teria feito as pessoas que amo passarem por tanto sofrimento. Eu não teria esperado tanto. Eu não teria ficado em silêncio.

Meu coração tende a desconfiar do que minha mente não consegue entender. Quando não consigo entender o que Deus está permitindo, ou quando acho que ele fará algo e isso não acontece, as dúvidas podem facilmente se transformar em desconfiança.

Tenho notado que ligo grande parte da minha confiança em Deus ao meu desejo de que as coisas aconteçam como eu acho que deveriam. Quero que a bondade de Deus o force a consertar as coisas, mudar mentes, impedir a dor, punir o mal e defender o bem durante toda a minha vida. Quero que a bondade de Deus faça com que as pessoas que fazem coisas más peçam perdão, passem a se comportar melhor e sejam melhores. Fico desesperada querendo que ele torne as circunstâncias boas. Quero que ele faça com que as igrejas sejam boas. Que intervenha nos relacionamentos e os torne bons. Que, na hora em que eu achar melhor, ele providencie emprego, dinheiro e outras coisas que trazem segurança.

Eu quero que a bondade de Deus faça a vida ser boa agora mesmo. Quero que sua bondade signifique que as coisas vão terminar bem, de acordo com a minha definição de bem. Quero que ela funcione como uma transação justa: eu faço coisas boas, e coisas boas acontecem comigo.

Meu coração tende a desconfiar do que minha mente não consegue entender.

Eu sei que a bondade de Deus significa que ele é bom, mesmo quando todo o resto não é. Mas tenho muita dificuldade com isso. Especialmente porque há muita dor na espera até que a bondade dele seja revelada.

Tenho que confiar e entregar ao Senhor coisas que não consigo ver. Coisas que não sei. Aquilo que temo. Aquilo que quero e, mais ainda, o que não quero. Talvez eu tenha de suportar algo que tenho pavor de suportar, enfrentar algo que tenho pavor de enfrentar, passar por algo que tenho pavor de passar.

Deus é bom. Eu sei disso. Mas, quando a dor e o sofrimento se intensificam, às vezes me sinto cada vez menos certa de que sua bondade virá ao meu socorro. Não gosto de confessar isso. Mas confessar é melhor do que continuar fazendo o que fiz por muito tempo: me envergonhar de ter esses pensamentos ou fingir que eles não existem.

Não quero parecer ingrata, mal embasada nas Escrituras ou decepcionante para aqueles que esperavam que eu fosse mais madura na fé. Eu não estou perdendo a fé em Deus. Simplesmente estou tendo de aprender que fé requer confiança nele. Eu terei que percorrer um caminho sem saber a distância nem o trajeto. Um caminho em que temo que as dificuldades possam me esmagar.

Minha luta é esta: será que posso confiar nele o suficiente para lhe entregar, de fato, os resultados... os planos... o caminho que minha vida seguirá?

Provérbios 3:5-6 instrui: "Confie no Senhor de todo o seu coração e não se apoie em seu próprio entendimento; reconheça o Senhor em todos os seus caminhos, e ele endireitará as suas veredas". Eu conheço esses versículos. Eu quero viver esses versículos. Não apenas citá-los, mas verdadeiramente vivê-los. Mas, para fazer isso, devo reconhecer que é provável que a versão de Deus de "endireitar minhas veredas" não se alinhará com o que eu espero. Ele pode ter uma definição muito diferente de *endireitar*. Outra maneira de entender essa palavra é sabendo que Deus é capaz de ver o futuro e dar sentido a ele. Meu entendimento nunca será capaz disso. Então, devo submeter a ele a maneira como eu acho que as coisas devem acontecer. E, então, confiar nele o suficiente para andar em seu caminho.

Será que eu consigo fazer isso? Consigo ficar em paz com o fato de que minha definição de "endireitar minhas veredas" é limitada pelas minhas emoções e pensamentos humanos? Posso colocar minha segurança no poder ilimitado e onisciente de Deus?

Não estou pedindo que você confesse nada aqui. Mas veja se você se identifica com algum dos seguintes pensamentos sobre confiar em Deus quando você está ferida e confusa sobre o que está acontecendo:

- Como Deus pôde ficar assistindo àquela pessoa fazer coisas tão horríveis, sem ter feito nada para impedir?
- Sei que Deus fará isso cooperar para o bem, mas o bem nunca parece chegar.
- Quando coisas boas acontecem, reconheço que isso vem da redenção de Deus. Mas, então, quando outra reviravolta dolorosa ou confusa acontece, parece cruel que ele tenha me feito bem e me dado esperanças, para depois fazer tudo desmoronar.
- Sei dizer com minha boca tudo o que a Bíblia diz sobre a bondade de Deus, mas no fundo do meu coração

estou cheia de perguntas que não parecem apropriadas para se fazer.

- Às vezes, o que eu digo sobre o quanto confio em Deus é tão incoerente com a dor e a frustração dentro de mim que me faz sentir como se eu estivesse sendo hipócrita.
- Eu me sinto confusa quando Deus me ajuda, mas não ajuda minha amiga, por quem tanto oro. Isso me faz sentir culpada, como se eu estivesse a abandonando na dor, sendo que antes a compartilhávamos.
- Estou cansada de circunstâncias e relacionamentos complicados e desafiadores. As pessoas sabem que eu confio em Deus, mas tudo isso que continua acontecendo faz com que segui-lo pareça cada vez menos atraente, e eu não sei o que dizer em resposta às dúvidas delas. É especialmente difícil quando eu também tenho muitas dúvidas.

Eu não sinto essas coisas o tempo todo. Mas, em diferentes pontos da minha jornada, esses pensamentos perfuraram a parte mais profunda e vulnerável de mim. E, em pouco tempo, acredito mais que meus medos vão se concretizar do que Deus vai me ajudar.

Às vezes, acredito mais que meus medos vão se concretizar do que Deus vai me ajudar.

Imagino meu interior oco como um grande carvalho que vi cair depois de uma tempestade. Era uma árvore majestosa que parecia muito firme e estável. Porém, quando me aproximei daquele gigante caído, vi que suas raízes eram tão superficiais que também saíram do chão. Enquanto uns homens cortavam a árvore para removê-la, notei também que ela estava oca. Então, caminhei até eles e perguntei: "O que fez essa árvore tão firme cair?"

"Raízes rasas e formigas", um deles respondeu.

"Hã?", inclinei a cabeça para o lado, deixando na cara que não sei nada sobre árvores.

O homem explicou que, às vezes, árvores grandes que crescem em jardins com sistemas de irrigação ficam tão satisfeitas com a água da superfície que suas raízes não precisam se aprofundar no solo para obtê-la. Assim, essas árvores podem parecer fortes e estáveis, mas suas raízes rasas as tornam fracas e vulneráveis quando há tempestades e ventos fortes.

Puxa vida. Aquela lição de vida me atingiu com força total. Quando minha vida é como eu quero e me sinto razoavelmente bem, sou tentada a ficar onde estou e não continuar a me aprofundar na fé. Se eu apenas deixar outros borrifarem sabedoria bíblica em mim com seus sermões e podcasts, mas não me aprofundar na Palavra de Deus e ir mais fundo na minha aplicação, então minhas raízes serão rasas. E tudo parecerá bem até uma tempestade chegar. E tempestades sempre chegam.

Mas raízes rasas não são a única razão pela qual aquele carvalho caiu.

As formigas também contribuíram para isso. Elas buscam como alvo árvores lesionadas em que entrou umidade e a madeira foi se enfraquecendo. Então, elas aproveitam ao máximo a madeira macia e a escavam, chegando a danificar até mesmo a madeira saudável e deixando a árvore oca por dentro, mesmo parecendo sólida por fora. Quanto mais oca a árvore fica, mais ela perde a estrutura que a sustenta.

Caramba, outra lição de vida. Sempre que eu tiver dúvidas e medos sobre a bondade de Deus, preciso levá-los a ele.

Preciso de um tempo sagrado para ter comunhão com Deus e sua Palavra, um tempo em que eu possa me queixar, chorar e lhe entregar minhas dúvidas. Mas nem sempre faço isso. Se não forem tratadas, essas dúvidas e perguntas começarão a moldar a maneira como vejo as coisas. Quanto mais insegura eu ficar quanto ao que Deus está fazendo agora, mais resistente vou ser a confiar-lhe meu futuro.

Às vezes, parece que a dor de hoje diz que todo o meu futuro será assim. Isolados, esses pensamentos não parecem tão problemáticos; é como uma formiga, você nunca iria imaginar que ela é capaz de derrubar um enorme carvalho. Por favor, ouça: não é errado ter esses pensamentos, mas é perigoso ser consumida por eles, ficar oca por causa deles e se tornar ainda mais vulnerável às tempestades da vida, já que eles corroem nossa única fonte de estabilidade verdadeira.

Cada dúvida que temos faz com que ou nos aproximemos de Deus ou nos afastemos dele.

Nós nos aproximamos dele ao fazer o mesmo de sempre: mergulhar em sua Palavra, orar, ouvir, procurar provas de sua bondade e lembrar das vezes em que ele foi fiel no passado. Isso é o que eu deveria fazer. E muitas vezes é o que faço quando as situações não são muito impactantes. Mas, quando se trata de uma situação em que há muito medo e emoção envolvidos e nada parece estar dando certo, desejo um alívio imediato para minha dor e evidências mais visíveis de que tudo vai dar certo da forma como eu quero. Não quero imaginar um futuro em que eu perca outro relacionamento ou outra coisa que me traz segurança.

E todas as moças do estudo bíblico que mal estão se aguentando sob o peso de corações partidos, amizades desfeitas, sonhos destruídos e confiança quebrada dizem: "É verdade. Eu concordo".

Se eu não acredito que Deus vai me ajudar hoje, fica muito difícil acreditar que é seguro entregar a ele meu futuro. Tenho medo de confiar nele por completo. Tenho medo de desistir totalmente dos meus esforços para consertar as coisas e, em vez disso, me apegar às suas promessas. Então, agarro-me aos meus medos e dúvidas, e crio formas de me proteger caso ele não me ajude.

Tenho muitas dessas formas de me proteger. Às vezes, eu não verbalizo o que quero, para não me sentir decepcionada nem parecer boba se não conseguir esse desejo. Outras vezes, tento forçar as coisas a acontecerem do meu jeito e no meu tempo, porque estou farta de esperar em Deus. Em certos casos, faço tudo o que acho que devo fazer para agradá-lo, esperando que minha bondade o convença de que eu mereço o que quero. (Até reviro os olhos quando penso nisso.) Ou, como um avestruz com a cabeça enfiada na areia, eu nego o que sinto porque prefiro me entorpecer ou viver em negação do que penosamente admitir que tenho dificuldade em confiar em Deus. Por último, culpo outras pessoas pelas coisas não estarem saindo como eu queria, como se aqueles que quebraram minha confiança fossem capazes de frustrar os planos do Senhor.

Eu não estou dizendo que você faz essas coisas. Mas, se você se identifica com alguma delas, respire fundo.

É claro que confiar em Deus pode ser uma verdadeira luta. Hebreus 11:1 nos ensina: "Ora, a fé é a certeza daquilo que esperamos e a prova das coisas que não vemos". Esse versículo está falando especificamente sobre a

Cada dúvida que temos faz com que ou nos aproximemos de Deus ou nos afastemos do S*ENHOR.*

salvação e a garantia de que Jesus ressuscitou dos mortos e voltará para nós. Os primeiros cristãos estavam desanimados e precisavam se lembrar das histórias de fé daqueles que os precederam. Hoje eu tenho confiança e segurança de que Deus já me ajudou no sentido eterno, pelo fato de Jesus ser meu Salvador. No entanto, luto para ter confiança e segurança de que ele vai me ajudar neste lado da eternidade também. Gosto muito da forma como o teólogo F. F. Bruce explica isso: "A visão física produz a convicção e a evidência das coisas visíveis; já a fé é o órgão que nos permite ver o mundo invisível".[1]

Nem sempre quero dar espaço ao mistério de Deus. Quero que a fé opere numa velocidade que meus olhos consigam acompanhar; como, por exemplo, quando eu digo: "Espero que minhas chaves estejam no balcão", e tudo o que tenho que fazer é olhar para o balcão para ter a confirmação física de que as chaves estão lá. Fico desesperada em busca de evidências visíveis, para que minha fé não pareça tão arriscada.

Por que estou lhe confessando tudo isso? Porque quero que este livro seja um lugar seguro para você processar ideias. Cheguei à conclusão de que esse tipo de luta não é errado nem maligno; afinal, o primeiro passo para aprender a se render ao que Deus considera ser bom e, então, confiar nele de todo o nosso coração é reconhecer que temos dificuldade com isso. Se queremos mudar nossa realidade, precisamos começar admitindo nossa realidade. Acho que já estou exausta

1 GUZIK, David. "Hebreus 11: Examples of Faith to Help the Discouraged". *Enduring Word*, 2018.

o suficiente para, finalmente, querer aprender a confiar no Senhor de verdade.

Pense um pouco nisso.

Será que boa parte da nossa exaustão e ansiedade em relação a circunstâncias difíceis não é porque estamos sempre tentando remover a fé do nosso relacionamento com Deus? Quando se trata de pessoas, procuramos evidências físicas de que confiar nelas é seguro. Mas a fé não funciona dessa maneira. A fé sempre nos deixará ansiosas e inseguras, a menos que confiemos na bondade de Deus. Teremos bem menos medo de confiar nele se permanecermos firmes em sua bondade e soubermos que tudo o que ele permite é bom. Fé em Deus significa ter certeza de sua bondade, mesmo quando o que ele permite não parece bom agora. A fé é a nossa confiança no que esperamos. É a nossa certeza daquilo que não vemos.

Sempre haverá uma lacuna entre o que vemos e a história completa que Deus conhece. Essa lacuna é de onde surgem tantas das minhas perguntas "e se", cheias de medo, enquanto olho para frente e imagino os piores cenários.

Mas vamos inverter isso. Vamos pensar em algumas perguntas "e se" que nos apontam para a bondade de Deus, em vez de pensar em todas as dúvidas que nos apontam para a desconfiança. No exercício a seguir, você pode usar um caderno para preencher as lacunas e escrever quaisquer pensamentos adicionais que tiver. Vamos começar com confissões sinceras sobre por que às vezes é difícil para nós confiarmos em Deus, e vamos continuar até chegarmos a bons resultados.

Nosso primeiro "e se" tem a ver com os medos emaranhados em torno da nossa fé.

Pergunta 1: *E se eu anotasse cada pensamento de desconfiança, para que eles não ficassem todos misturados dentro de mim, formando um grande sentimento de medo e ansiedade?*

- Tenho medo de entregar _____________ a Deus, porque no passado ele permitiu que acontecesse _____________.
- Tenho medo de entregar _____________ a Deus, porque, se ele não me ajudar como eu quero, eu irei sofrer com _____________.
- Tenho medo de entregar _____________ a Deus, porque eu não acho que ele realmente vai _____________.
- Tenho medo de entregar a Deus o sofrimento e a dor que passarei se _____________ acontecer, e tenho medo de que eu nunca _____________.

Pergunta 2: *E se expressar meus verdadeiros sentimentos a Deus for um belo ato de confiança nele?*

Recentemente, recebi um e-mail de uma amiga que me ajudava a verbalizar para Deus o que sinto. Ela disse: "Lembro-me de uma citação atribuída a Sigmund Freud: 'Emoções não expressas nunca morrerão. Elas serão enterradas vivas e virão à tona mais tarde, de maneiras mais feias'. Quanto mais eu tentava enterrar minhas dúvidas, mais feias elas se tornavam. Reconhecê-las em vez de reprimi-las trouxe cura e novo crescimento". O que isso tem a ver com confiança? Bem, verbalizar minhas dúvidas para ele é uma expressão de confiança. Se posso entregar a Deus minhas dúvidas sobre ele, então posso entregar-lhe qualquer coisa.

Tente escrever um pouco mais. Preencha estas lacunas:

- Às vezes, duvido que Deus irá ______________, porque ______________.
- Eu me sinto ______________ agora porque Deus está fazendo ______________.
- Quero muito que aconteça ______________. Se isso não acontecer, vou me sentir ______________.
- Não quero me sentir ______________, porque acho que não conseguiria aguentar ______________.

Pergunta 3: *E se eu olhasse para as Escrituras com um novo olhar?*

Muitas vezes, leio a Palavra de Deus para tentar entender o que estou enfrentando. Mas e se ela estivesse me convidando a ver as coisas como Deus vê?

Leia os seguintes versículos e anote no caderno aqueles que ajudam a ver um pouco do que Deus vê. Isso conforta você? Por quê? O que ainda lhe preocupa?

- "Eu o instruirei e o ensinarei no caminho que você deve seguir; eu o aconselharei e cuidarei de você." (Salmos 32:8)
- "O Senhor, contudo, disse a Samuel: 'Não considere sua aparência nem sua altura, pois eu o rejeitei. O Senhor não vê como o homem: o homem vê a aparência, mas o Senhor vê o coração.'" (1Samuel 16:7)
- "Não sejam iguais a eles, porque o seu Pai sabe do que vocês precisam, antes mesmo de o pedirem." (Mateus 6:8)
- "Que o Deus da esperança os encha de toda alegria e paz, por sua confiança nele, para que vocês transbordem de esperança, pelo poder do Espírito Santo." (Romanos 15:13)

- "Pois os meus pensamentos não são os pensamentos de vocês, nem os seus caminhos são os meus caminhos", declara o Senhor. "Assim como os céus são mais altos do que a terra, também os meus caminhos são mais altos do que os seus caminhos e os meus pensamentos mais altos do que os seus pensamentos." (Isaías 55:8-9)
- "Não se amoldem ao padrão deste mundo, mas transformem-se pela renovação da sua mente, para que sejam capazes de experimentar e comprovar a boa, agradável e perfeita vontade de Deus." (Romanos 12:2)
- "Porque Deus é maior do que o nosso coração e sabe todas as coisas." (1João 3:20b)

Pergunta 4: *E se, em vez de ficar frustrada com o que não vejo, eu deixasse a Palavra de Deus ser a lente através da qual posso vislumbrar sua bondade de um jeito que só aqueles que sofrem podem ver?*

O sofrimento pode limitar nossa visão. Quando sentimos dor, podemos nos concentrar demais em eliminar sua fonte, achando que a única coisa boa que Deus poderia fazer é tirar a dor. Se é só isso que estamos procurando, então ficaremos ainda mais frustradas e desconfiadas de Deus. (Veja mais sobre isso na seção "Só mais uma coisa" deste capítulo.) Mas e se a Palavra de Deus pudesse nos ajudar a ver como sofrer e ainda ter certeza de sua bondade?

Leia os versículos a seguir um de cada vez, preenchendo após eles o seguinte modelo em seu caderno: "Quando leio este versículo, vejo que o sofrimento não é apenas esta dor

terrível que estou sentido, mas também é uma forma de ___
__________________________________".

- "Não só isso, mas também nos gloriamos nas tribulações, porque sabemos que a tribulação produz perseverança." (Romanos 5:3)
- "Quando você atravessar as águas, eu estarei com você; e, quando você atravessar os rios, eles não o encobrirão; quando você andar através do fogo, você não se queimará; as chamas não o deixarão em brasas." (Isaías 43:2)
- "Apesar disso, esta certeza eu tenho: viverei até ver a bondade do Senhor na terra. Espere no Senhor. Seja forte! Coragem! Espere no Senhor." (Salmos 27:13-14)
- "Os humildes, ele exalta, e traz os que pranteiam a um lugar de segurança." (Jó 5:11)
- "Digo-lhes que certamente vocês chorarão e se lamentarão, mas o mundo se alegrará. Vocês se entristecerão, mas a tristeza de vocês se transformará em alegria." (João 16:20)

Pergunta 5: *E se, em vez de duvidar da bondade de Deus, eu começasse a cooperar com ela?*

O que significa cooperar com a bondade de Deus? Significa enxergá-la e reconhecê-la, encontrando prazer e tranquilidade mesmo em pequenas evidências dela. Talvez não vejamos hoje o grande milagre que esperamos. Mas podemos ver a misericórdia divina de outras maneiras neste exato momento.

Isso se tornou um aspecto crucial na minha jornada. Quando não vejo nada de bom em uma situação difícil que estou enfrentando, penso que a bondade de Deus só pode ser evidenciada se ele fizer algo para mudar essa situação ou pelo menos algo que me garanta que está agindo nesse sentido. Mas estou aprendendo a expandir minha visão e reconhecê-la em outros lugares da minha vida. Muitas vezes, esqueço que as pequenas coisas vêm do nosso bom Deus Criador, porém isso é o que me ajuda a experimentar sua bondade de maneiras muito tangíveis. Aqui estão alguns exemplos de pequenas coisas que me ajudam a lembrar de como Deus é bom:

- A doçura de um pêssego perfeitamente maduro.
- Música que acalma minha mente e me faz respirar fundo.
- O sol que sai de trás de uma nuvem e me aquece em um dia frio.
- Lâmpadas penduradas em fios entre as árvores do quintal, acima de um grupo de amigos em volta de uma fogueira.
- Uma gargalhada inesperada, mas gostosa.
- O cheiro de café feito de manhã, da minha flor favorita, do meu bolo preferido assando no forno.
- Observar as ondas do oceano em um dia lindo irem até certo ponto e depois voltarem para si mesmas.

Escreva algumas evidências da bondade de Deus que você está experimentando de maneiras pequenas e cotidianas. Em seguida, anote com quem você poderia compartilhar isso. Quando espalhamos sua bondade para outras pessoas, estamos cooperando com sua bondade para conosco.

Pergunta 6: *E se nosso sofrimento for aquilo que revela a bondade de Deus das maneiras mais íntimas e pessoais?*

Cite algumas experiências em que você viu Deus sendo bom com você no passado.

- Eu senti a bondade de Deus quando ele ___________.
- Só o fato de eu estar ______________ agora é prova de sua bondade quando passei por ______________.
- Às vezes, esqueço que ______________ nunca teria acontecido na minha vida sem a bondade de Deus.

Pergunta 7: *E se eu não confiar em Deus? E se eu confiar?*

Será que eu conseguiria chegar a um bom resultado por conta própria? Esse resultado viria sem dificuldades? Eu precisaria realizar o inútil exercício de tentar mudar outra pessoa? Para chegar a esse resultado, eu teria que consertar o que já sei que não posso consertar e controlar o que já sei que não posso controlar?

Eu realmente tenho a capacidade de encontrar estabilidade, segurança, paz e alegria seguindo meu próprio caminho? Ceder às dúvidas e recusar-me a aprofundar minhas raízes vai me ajudar a enfrentar melhor as tempestades?

Hora de outra respiração profunda. É muita coisa para pensar.

Vamos terminar apenas refletindo nessas últimas perguntas. Geralmente gosto que meus capítulos terminem com uma grande mudança de perspectiva ou com soluções para nossos problemas e respostas para nossas perguntas. Mas este não é o capítulo para isso.

Aqui lidamos com uma questão pesada. Quero confiar em Deus o máximo que eu puder. Confiar nele é segurar com delicadeza as partes da minha vida que quero segurar com força. Essa tensão não é algo para se resolver. É um bom combate que teremos neste lugar temporário chamado agora.

Só mais uma coisa...

Tenho refletido bastante nesta frase que escrevi: "Confiar em Deus é segurar com delicadeza as partes da minha vida que quero segurar com força". É verdade. E Deus é digno de confiança. Às vezes, ele permite que aconteçam coisas que trazem profunda tristeza. Será que posso confiar nele e ao mesmo tempo molhar meu travesseiro com lágrimas?

Embora eu certamente tenha me machucado ao longo de muitas frustrações, não experimentei todas as coisas dolorosas que podem acontecer na vida. Portanto, se ler esta seção for muito difícil para você em sua situação atual, dou-lhe total permissão para pular essa parte. Talvez você volte a ela um dia, talvez não... e tudo bem. Sua jornada com Deus e o luto é única. Mas foi até aqui que eu cheguei.

A tristeza nos causa dor, nos faz lamentar, nos faz sentir fora de controle e ansiosos. Às vezes, ela é como um combustível que alimenta nossas dúvidas. Aqui está algo que tenho pensado ultimamente: devemos lançar toda a nossa ansiedade sobre Deus, porque ele se importa conosco (1Pedro 5:7). A maioria de nós já ouviu esse versículo, mas ainda achamos difícil fazer isso quando nosso pulso está acelerado, nosso coração está ferido e nosso rosto está molhado de lágrimas.

Se você continuar lendo 1Pedro 5, verá que o versículo 7 se refere ao tipo de ansiedade associada ao sofrimento. E a única instrução que recebemos antes do mandamento de lançar nossa ansiedade sobre ele é a de humilhar-nos:

> *Portanto, humilhem-se debaixo da poderosa mão de Deus, para que ele os exalte no tempo devido. Lancem sobre ele toda a sua ansiedade, porque ele tem cuidado de vocês.*

Sejam sóbrios e vigiem. O diabo, o inimigo de vocês, anda ao redor como leão, rugindo e procurando a quem possa devorar. Resistam-lhe, permanecendo firmes na fé, sabendo que os irmãos que vocês têm em todo o mundo estão passando pelos mesmos sofrimentos.
O Deus de toda a graça, que os chamou para a sua glória eterna em Cristo Jesus, depois de terem sofrido durante pouco tempo, os restaurará, os confirmará, lhes dará forças e os porá sobre firmes alicerces. (1Pedro 5:6-10)

Minha amiga Meredith sempre me lembra de uma mensagem que ela recebeu do Senhor: "Deus não levanta cabeças que não se curvam". Uau, que imagem poderosa. Quando continuamos olhando para os resultados que achamos que são os melhores e ficamos fixadas na ideia de que nossa visão para o futuro é a única boa, nossos pescoços ficam rígidos de tanto esforço. Mas, se curvarmos nossas cabeças em humildade, estaremos na posição certa para que Deus nos levante e nos aponte a direção que ele sabe que é a melhor.

Acho que preciso melhorar nisso.

Curvar-me em vez de fugir.
Curvar-me em vez de tentar consertar as coisas sozinha.
Curvar-me em vez de tentar entender coisas que talvez nunca façam sentido em minha mente humana limitada.
Curvar-me em vez de resistir a Deus.
Curvar-me em vez de desconfiar dele.

Curvar-me quando as coisas parecem estar melhorando.
Curvar-me quando as coisas desmoronam novamente.
E curvar-me quando o sofrimento me faz questionar a bondade de Deus.

Eu li esses versículos de 1Pedro muitas vezes, mas nunca os liguei ao meu sofrimento. Nunca percebi que o sofrimento é, na verdade, um sinal de que o Senhor está nos guiando na direção certa para a redenção. O sofrimento não é uma armadilha que impede nossa redenção. O sofrimento não é prova de que devemos duvidar da bondade de Deus. O sofrimento não significa que confiar em Deus é muito arriscado.

O sofrimento é o nosso lembrete para ficarmos mais perto do Senhor do que nunca e não resistirmos à sua liderança. O caminho de Deus é o caminho certo, não importa quão confuso possa parecer ao longo da jornada. E o tempo de Deus é o tempo certo, não importa quão inoportuno nos pareça.

Lembre-se:

- Meu coração tende a desconfiar do que minha mente não consegue entender.
- Às vezes, acredito mais que meus medos vão se concretizar do que Deus vai me ajudar.
- Sempre haverá uma lacuna entre o que vemos e a história completa que Deus conhece.
- Se eu não acredito que Deus vai me ajudar hoje, fica muito difícil acreditar que é seguro entregar a ele meu futuro.

- O sofrimento não significa que confiar em Deus é muito arriscado.

Receba:

"Ora, a fé é a certeza daquilo que esperamos e a prova das coisas que não vemos." (Hebreus 11:1)

"Eu o instruirei e o ensinarei no caminho que você deve seguir; eu o aconselharei e cuidarei de você." (Salmos 32:8)

"Não sejam iguais a eles, porque o seu Pai sabe do que vocês precisam, antes mesmo de o pedirem." (Mateus 6:8)

"Quando você atravessar as águas, eu estarei com você; e, quando você atravessar os rios, eles não o encobrirão. Quando você andar através do fogo, não se queimará; as chamas não o deixarão em brasas." (Isaías 43:2)

"Apesar disso, esta certeza eu tenho: viverei até ver a bondade do Senhor na terra. Espere no Senhor. Seja forte! Coragem! Espere no Senhor." (Salmos 27:13-14)

Reflita:

Identifique alguns dos motivos pelos quais você pode resistir a confiar em Deus o suficiente para entregar os resultados e os planos de como sua vida seguirá.

Seja honesta consigo mesma: Você vê Deus como confiável? Como este capítulo ajudou você a processar melhor isso?

O que a história das formigas e da árvore revelou a você sobre as "formigas" em sua própria vida?

Liste alguns dos prazeres simples que servem como evidência da bondade de Deus para você. Quais são os seus favoritos?

Ore:

Deus Pai,
Confesso que muitas vezes ligo minha disposição de confiar no Senhor à maneira como minha vida está indo no momento. Quando as coisas estão do meu jeito, é fácil acreditar que o Senhor é confiável. Mas, quando as coisas desmoronam, minha confiança no Senhor vacila enquanto eu luto para entender o que está fazendo. Graças a meus momentos de quietude e tempo com sua Palavra, eu sei que o Senhor é bom mesmo quando minha vida não vai bem. Hoje escolho confiar-lhe as coisas que não posso ver, as que não sei, as que não quero, e as de que tenho medo. Eu entrego ao Senhor os resultados e planos que tenho para minha vida. Em nome de Jesus, amém.

Capítulo 7

Como posso confiar em Deus se a pessoa que me feriu não foi punida?

É tão confuso quando pessoas que cometem males graves parecem sair impunes. Dói ainda mais quando elas afirmam que Deus está com elas e cantam as mesmas músicas de louvor que eu. Elas afirmam que ele é seu bom Pai e pedem que as ajude. Mas suas ações aparentemente piedosas aos olhos de todos não se alinham com a maneira como elas me trataram ou a alguém que amo.

Isso me faz questionar: "*De que lado Deus está?*" Então, eu me sinto mal até mesmo por pensar nessa pergunta, porque eu também não sou perfeita. Eu faço coisas que não deveria. Eu decepciono as pessoas também.

Mas sempre parece haver consequências imediatas para minhas escolhas. Então, por que parece que não é isso que os que me machucaram enfrentam? Por que parece que a vida deles está seguindo em frente com bênçãos, mesmo sabendo que elas não estão honrando a Deus?

É esse tipo de injustiça aparente que me faz sentir como se eu estivesse escorregando na minha confiança em Deus. Não estou perdendo a fé nele. Não estou questionando suas verdades imutáveis. Não tenho um plano B de vida em que me afasto dele. Nada disso. Eu só quero que todo esse caos pare. E quero saber que haverá consequências justas para o pecado que ocorreu, para que essa pessoa que está causando dor não continue a fazê-lo. E sei que a única maneira real de isso acontecer é Deus intervir. Mas será que ele vai?

Em meio à dor, ao sofrimento e ao choque da confiança quebrada, a falta de evidências tangíveis de que as coisas serão corrigidas no fim faz com que grandes perguntas se agitem dentro de mim. Será que este mundo está mesmo programado de forma que haja motivação para as pessoas serem confiáveis? Ou está configurado apenas para que elas consigam o que querem, não importa a dor que causem aos outros? Estou me preparando para mais dor quando confio nas pessoas? Se elas parecem sair impunes do que fazem, então todos eventualmente se tornarão tão autoprotetores e egoístas que só tolos ousariam confiar neles?

Pode parecer que, se eu for confiável, generosa e honesta, vou me machucar. Mas, se eu sucumbir a olhar apenas para mim mesma e não confiar em ninguém, viverei uma existência muito solitária.

Ótimo. Isso é como um daqueles enigmas que eu não consigo resolver. Talvez eu seja uma menina ingênua correndo pela vida como se fosse um campo de margaridas, sendo que, na verdade, é um campo minado.

Então, pego meu diário e escrevo: "Onde o Senhor está, Deus? Onde está a parte da minha história em que o Senhor conserta as coisas, corrige os erros e traz o bem por meio de tudo isso? Onde está a recompensa por fazer as coisas certas? Onde estão as consequências para aqueles que fazem as coisas erradas? Estou falando sério, Senhor. O que o Senhor está fazendo?"

E, como forma de autoproteção, tento ser autossuficiente. Fico imaginando cenários em que minha confiança em Deus cresce porque as coisas dão certo no fim. Existem circunstâncias continuamente difíceis sobre as quais eu gostaria de, ao final, escrever em meu diário: "Veja como Deus me defendeu. Sua justiça finalmente aconteceu. Veja como ele fez tudo cooperar melhor do que nunca. Tudo faz sentido agora. Posso respirar aliviada enfim".

Mas eu não tenho essa página no meu diário.

Há várias situações em que eu não vi a justiça de Deus. Ainda não. E talvez não vá ver deste lado da eternidade. Várias coisas estão bem na minha vida agora e eu estou feliz, mas ainda tenho que lutar muito para não entreter a amargura que me convida a montar uma tenda na injustiça e acampar nela. Caso contrário, pensar constantemente sobre o que Deus parece não estar fazendo, e sobre meu desejo de que minha versão de justiça aconteça, pode se tornar um foco doentio. Esse foco, com o tempo, pode se tornar uma obsessão que, se não for tratada, pode se tornar uma fortaleza para o inimigo da minha alma.

Acho que as pessoas presumem que está tudo bem e que minhas lutas acabaram porque, depois de tantos anos de desgosto, tenho um novo homem em minha vida que me ama e ama a Jesus. Mas ainda tenho de lutar contra a profunda dor dentro de mim que anseia por ver justiça, não apenas pelo que aconteceu na morte do meu casamento, mas pelo que continua acontecendo.

Há poucos meses, do nada, um oficial de justiça apareceu na minha porta para entregar documentos e informar que tenho de ir ao tribunal e enfrentar meu ex-marido em outro julgamento. Justo quando eu pensei que poderia começar a seguir em frente, a dor do passado voltou a se tornar a dor do presente.

Não estou contando isso para que você sinta pena de mim, mas porque quero que veja que, seja qual for a injustiça da sua situação, você não está sozinha. É difícil entrar no futuro quando o passado não quer ficar no passado. É duplamente difícil quando meu desejo de que as coisas sejam justas torna a luta contra a amargura e o ressentimento exaustiva a nível de alma. E é triplamente difícil quando não está claro por que Deus não está dizendo basta e pondo um fim nisso.

Imagino que, quer sua confiança e seu coração tenham sido quebrados por um amigo, cônjuge, irmão, pai, líder ou outro relacionamento significativo, você entenda a luta da qual estou falando. Se as ações dolorosas deles são contínuas, aposto que você também está exausta e frustrada. Talvez, como aconteceu comigo, partes da sua história tenham mudado, mas alguém ainda esteja causando dor.

Recentemente, uma moça querida que passou por uma jornada muito parecida com a minha me enviou uma mensagem. Ela queria que eu soubesse mais sobre sua história e como ela, embora pensasse ter sido obediente a Deus na última década após seu divórcio, estava questionando isso por ainda estar sozinha e por sua vida continuar muito difícil. Ela queria saber se eu seria tão positiva e firme em confiar no Senhor se não estivesse vivenciando um novo relacionamento.

Que pergunta justa e compreensível. Confiar em Deus sem ver a redenção que pensávamos que agora veríamos pode parecer a mais profunda traição de todas. É também o que constrói nossa fé, mas às vezes preferimos ter alívio, e não outra oportunidade de aprendizado.

Refleti sobre a pergunta daquela jovem por um bom tempo. Eu não costumo ler minhas mensagens com frequência e raramente consigo respondê-las tanto quanto gostaria. Mas, como eu li essa mensagem, sabia que precisava responder. E não queria que minha resposta apenas passasse por cima da sua profunda dor com algumas frases clichês e um versículo bíblico. Ela merecia mais do que isso.

E você também.

Foi isso que respondi:

> *Passei muitas noites olhando para o céu, perplexa enquanto sentia minha frustração se transformar em tristeza, depois em entorpecimento e, por fim, em distanciamento de Deus. Houve tantas vezes em que pensei que ele estava prestes a mudar tudo, mas então as coisas pioraram em vez de melhorar. Alguns dos meus dias mais sombrios foram quando eu não conseguia ver propósito no que Deus estava permitindo. E meu medo consistia em pensar em o que mais Deus poderia permitir, já que permitiu tudo isso.*
>
> *Aos poucos, percebi que minha esperança não pode depender de Deus fazer justiça neste mundo. E certamente não posso limitá-la aos resultados que tanto quero. Tenho que colocar minha esperança em quem Deus é. Ele é bom. Ele é fiel. Ele é meu Pai que me ama.*
>
> *O caráter de Deus, que nunca muda, é sua promessa pessoal para mim. E para você também. Podemos nos firmar com segurança em quem ele é, mesmo quando não entendemos o que ele faz ou deixa de fazer. Ainda há coisas dolorosas acontecendo em relação ao meu divórcio também. Gostaria que não fosse assim para nenhuma de nós.*
>
> *Sou grata por Deus ter trazido um homem que ama a Jesus para minha vida e por toda a alegria de estar em um relacionamento saudável.*

> *Porém, mesmo este presente vem com seus próprios medos e incertezas. Então, meu desafio agora não é amarrar minha esperança de um futuro melhor a este novo homem. Meu desafio é a mesma lição que eu estava aprendendo durante os muitos anos em que me sentia sozinha. É a mesma lição mais uma vez, só mudaram os desafios.*
>
> *Eu fiz a mesma pergunta que você quando minhas amigas encontraram um novo amor, enquanto eu ainda estava em uma intensa solidão. É tão difícil. Eu entendo e desejo muito poder olhar para o seu futuro e sussurrar de volta para você todas as coisas maravilhosas que estão por vir. Embora eu não possa fazer isso, posso prometer que Deus está trabalhando. Aguente firme, amiga querida.*

Eu queria fazer promessas mais concretas a ela sobre em que Deus está trabalhando. Adoraria ter-lhe dado um prazo para ajudar a aliviar sua angústia. Gostaria muito que houvesse uma maneira de tornar isso possível para todas nós. Mas, se fosse bom termos essa informação, Deus certamente a daria a nós. Então, o fato de ele não nos permitir acesso a esses detalhes específicos me faz saber que ter essa informação não é o melhor.

Charles Spurgeon pregou um sermão que se aplica a essa mesma luta. É um pouco complexo, mas vale a pena refletir na sabedoria contida em suas palavras.

> *Cada aflição é cronometrada e medida, e cada conforto é enviado com uma amorosa atenção*

> *que o torna sete vezes mais precioso. Ó cristão, a grande atenção da mente divina está voltada para você, o escolhido do Senhor. Nada jamais aconteceu com você como resultado de um destino implacável; pelo contrário, todas as suas circunstâncias foram ordenadas com sabedoria por um Senhor vivo, atencioso e amoroso.* [...] *Nosso Pai celestial sabe o que está fazendo; quando seus caminhos para conosco parecem misteriosos e complicados, e não conseguimos desembaraçar os fios do novelo, ainda assim o Senhor vê todas as coisas claramente e conhece os pensamentos que tem a nosso respeito. Ele nunca erra seu caminho, nem fica envergonhado. Não ousamos dizer que entendemos os caminhos de Deus para o homem: eles são incompreensíveis. A Providência é um grande abismo. Sua largura excede o alcance de nossa visão, e sua profundidade frustra nosso pensamento mais profundo.*[1]

Meus trechos favoritos são: "Nosso Pai celestial sabe o que está fazendo; quando seus caminhos para conosco parecem misteriosos e complicados, e não conseguimos desembaraçar os fios do novelo, ainda assim o Senhor vê todas as coisas claramente". Sim, ele vê. E eu não. Por isso, sei que não entendo muitas coisas, mas tenho um pouco de sabedoria conquistada a duras penas que quero compartilhar para refletirmos juntas.

---

1 SPURGEON, Charles H. "God's Thoughts of Peace, and Our Expected End", *The Metropolitan Tabernacle Pulpit Sermons*. v. 33 (Londres: Passmore & Alabaster, 1887) p. 303-4.

Tentar decifrar o que não entendemos, sobretudo quando a pergunta é "*Como posso confiar em Deus quando a pessoa que me feriu não foi punida?*", não é uma boa forma de responder a todas as nossas perguntas. Mas podemos administrar melhor a tensão se estivermos equipadas com a verdade.

Só porque nossos pensamentos estão focados nessas dúvidas hoje, não significa que eles devem continuar assim para sempre. Devemos continuar lutando para que nossas primeiras palavras cheias de angústia não sejam nossas últimas palavras cheias de amargura. E a melhor maneira de lutar contra nossas perguntas mais difíceis sobre a justiça de Deus é estar aberta para aprender mais sobre a perspectiva dele.

Se você não aproveitar mais nada deste capítulo, quero que apenas guarde esta informação: talvez nunca vejamos a justiça que ansiamos deste lado da eternidade. Alguns a verão, mas muitos não. Sou incapaz de explicar, mas estou me esforçando para aceitar essa verdade.

Alguns dias, sinto que consigo.

Outros, eu tento, mas é muito difícil. De verdade.

> *Devemos continuar lutando para garantir que nossas primeiras palavras cheias de angústia não sejam nossas últimas palavras cheias de amargura.*

Mas estou aprendendo que é necessário fazer outra coisa além de ficar obcecada com minhas dúvidas e perguntas. E essa "outra coisa" não é fugir. Às vezes, tenho um leve desejo de simplesmente escapar da minha vida. Já disse várias vezes: "Acho que vou para Montana virar garçonete. Ou detetive. Ou uma escritora de poesia usando um pseudônimo.

Vou morar em uma cabana isolada, e minha única companhia serão esquilos e guaxinins".

Alô, Lysa. A realidade está chamando... por favor, atenda.

Certo, nenhuma dessas opções é uma solução realista para hoje. Então, paro de procurar cabanas para alugar e, em vez disso, ligo para alguém sábio que possa me trazer de volta à realidade. Quando minha mente está presa em um ciclo de fazer perguntas para as quais já sei que não há respostas agora, o que ajuda é entrar em contato com uma amiga que sabe como enfrentar lutas levando em conta a sabedoria bíblica. O que eu preciso não é de uma amiga que apareça do nada e diga que tenho o direito de me vingar pelo que passei. Preciso de uma amiga que diga que isso é realmente difícil e reconheça a profundidade da injustiça que parece estar em jogo aqui. Mas, então, eu preciso que ela me lembre que ausência de justiça não significa ausência de Deus. Eu quero que ela reconheça minha luta, mas não se afunde em meus pensamentos ruins. Ah, e se nosso encontro for presencial e ela trouxer um pedaço de bolo de chocolate, isso também será bom. A presença dela me ajuda a sentir a presença de Deus.

Mas há outros momentos em que simplesmente não consigo falar sobre minhas lutas. É como se eu estivesse tão presa na dor que as palavras não conseguem encontrar uma saída, e fico exausta demais para processar o que sinto ao lado de uma amiga. Nesses dias, sei que é crucial tirar meus tênis e sair de dentro de casa. Jim sugeriu isso uma vez e, por mais que eu duvidasse dele, é, de fato, muito bom pisar em terra firme e ver que o céu não está caindo.

Quando me pergunto onde Deus está, sua criação sempre parece ter uma mensagem sobre ele, basta eu prestar atenção.

Ausência de justiça não significa ausência de Deus.

Um versículo que adoro citar é Salmos 19:1: "Os céus declaram a glória de Deus; o firmamento proclama a obra das suas mãos". Se não consigo ver a obra de suas mãos da maneira que pensei que veria em minhas circunstâncias, quero ver seu trabalho em algum lugar.

Uma tarde, eu estava sentada na costa, tentando não ceder ao meu desejo de comprar uma passagem para Montana, de verdade dessa vez. Pela manhã, eu havia recebido um e-mail informando que um artigo hostil havia sido publicado, detalhando o motivo de eu estar sendo levada ao tribunal. O processo já havia me causado muita ansiedade e sofrimento. As acusações eram preocupantes, mas eu tinha muitas evidências para refutá-las.

A pessoa que escreveu o artigo sobre mim sequer entrou em contato comigo para verificar os fatos. Simplesmente pegou as alegações do processo e as publicou para o mundo inteiro ler. Outros meios de comunicação seguiram o exemplo. E não havia nada que eu pudesse fazer a respeito. Mas sabe o que mais doeu? Todos esses meios de comunicação eram cristãos. E a pessoa que me processou alegou ter uma equipe orando por ela. Se isso era verdade, eu não sei. O que sei é que pensar que pessoas que sabiam sobre minha história de engano e sofrimento agora estavam orando contra mim e meus filhos não me deixava apenas confusa, mas furiosa.

Se você não pode contar com os cristãos para estarem do lado da verdade, em quem você pode confiar?

Eu estava tendo dificuldade em fazer meu coração desacelerar e minhas mãos pararem de tremer. Então, apenas continuei olhando para o oceano, grande e vasto, perguntando a Deus: *"Por quê? Por que parece que, mais uma vez, a pessoa que já me causou tanta dor está saindo impune?"* Não sei quanto tempo fiquei ali sentada, atordoada e em silêncio. A certa altura, notei a água salgada se aproximando cada vez mais. A maré estava subindo e eu sabia que, se não saísse dali, a água logo chegaria em mim e molharia meus pertences.

Parte de mim pensou: *"Isso, leve todos os meus problemas embora"*. Mas outro pensamento veio: *"A beleza do mar vem acompanhada pela realidade da maré"*.

Fui repetindo essa frase várias vezes até enxergar mais verdades nela.

Muitas coisas na vida vêm como um pacote: escolher receber a parte boa dele envolve receber a parte ruim também. Relacionamentos são assim. Empregos são assim. Ter uma casa é assim. Até mesmo férias são assim. Todas essas coisas são pacotes: vêm com partes atraentes e partes desafiadoras. E o pecado não é diferente. Quando uma pessoa peca contra você, o que parece atraente para ela sempre virá acompanhado das consequências do pecado.

Quando outras pessoas nos prejudicam de propósito e nos machucam descaradamente, mas parecem nunca sofrer consequências disso, essa aparente falta de justiça é o que pode ressuscitar a amargura que pensávamos ter sido tratada em nós, e isso, com certeza, pode aumentar a desconfiança.

Levei tempo para entender isso. Contudo, finalmente encontrei a verdade que me ajudou e ainda me ajuda a lidar com a injustiça de situações dolorosas: quando as pessoas pecam contra nós, elas desencadeiam em sua vida as consequências desse pecado. Talvez nunca vejamos isso. Na verdade, pode parecer que elas apenas se safaram de tudo. Mas hoje podemos nos lembrar de que, cedo ou tarde, elas "comerão do fruto da sua conduta e se fartarão de suas próprias maquinações" (Provérbios 1:31).

A melhor coisa que podemos fazer é entregar a Deus tais consequências e não nos deixar iludir por escolhas pecaminosas tentando corrigir os erros.

Eu sei que Deus tem conforto e instrução em sua Palavra, basta que eu a abra, mas também preciso estar disposta a abrir meu coração e mente para poder recebê-los.

Ironicamente, na mesma semana em que os artigos sobre mim foram publicados, eu estava relendo alguns devocionais que havia escrito no passado. Um deles era sobre a história de Ester, que me atingiu de uma maneira muito diferente desta vez.

Na maior parte do livro de Ester, parecia que um homem chamado Hamã, que queria matar o povo judeu, iria se safar de seu plano nefasto. Ao que parecia, Deus não estava intervindo, e o mal iria vencer. Entretanto, em um dado momento as coisas começaram a mudar e chegamos a Ester 7, em que lemos o relato da queda de Hamã, que levou à sua morte.

O orgulho de Hamã se voltou contra ele, e suas más intenções o levaram à sua própria humilhação. Aquele homem, que estava tramando para matar outros, precisou implorar por sua própria vida (v. 7). A forca que ele havia construído para matar Mardoqueu, o amado parente e guardião de Ester, tornou-se o lugar de sua morte (v. 10). Ele colheu o fruto dos seus próprios planos perversos.

Agora, vamos fazer uma pausa antes de começarmos a comemorar e a dizer: "É isso aí, ele recebeu o que mereceu". Sendo bem sincera, sou tentada a me alegrar quando aqueles que causam problemas e destruição experimentam os males que eu acho que merecem. Mas preciso lembrar que não é sábio nem jamais fez bem a ninguém acrescentar mais ódio e sofrimento à história. Vingar-me certamente não me ajudaria a encontrar paz. Tiago 3:13-18 nos ensina que existe uma sabedoria que vem do alto, mas que também existe outro tipo de "sabedoria", a terrena, que pode não ser espiritual, mas demoníaca.

> *Quem é sábio e tem entendimento entre vocês? Que o demonstre por seu bom procedimento, mediante obras praticadas com a humildade que provém da sabedoria. Contudo, se vocês abrigam no coração inveja amarga e ambição egoísta, não se gloriem disso, nem neguem a verdade. Esse tipo de "sabedoria" não vem do céu, mas é terrena, não é espiritual e é demoníaca. Pois onde há inveja e ambição egoísta, aí há confusão e toda espécie de males. Mas a sabedoria que vem do alto é antes de tudo pura; depois, pacífica, amável, compreensiva, cheia de misericórdia e de bons frutos, imparcial e sincera. O fruto da justiça semeia-se em paz para os pacificadores. (Tiago 3:13-18)*

Vou deixar de lado o que a minha carne acha que essas pessoas merecem e lembrar que somos chamadas a orar por nossos inimigos, a fim de que Deus possa levá-los ao arrependimento. E isso não significa orar para que eles sofram. Afinal, sempre queremos que a misericórdia de Deus entre em cena, porque nós também precisamos dela. Precisamos lembrar que aqueles que nos machucaram não são os únicos que pecam contra os outros. Você e eu também somos pecadoras. Nós temos ferido e ainda iremos ferir outros.

Precisamos lembrar que aqueles que nos machucaram não são os únicos que pecam contra os outros.

Nós pecamos e sempre pecaremos contra os outros. O pecado cega a todos.

O pecado de Hamã o cegou, endureceu seu coração e, no final, o alcançou, porque é isso que o pecado sempre faz. Muitas vezes ao longo das Escrituras, quando o pecado é mencionado, o termo aparece associado à inconsciência ou cegueira por causa de nossos próprios desejos ou por uma dureza de coração. Hebreus 3:12-13 nos lembra disso: "Cuidado, irmãos, para que nenhum de vocês tenha coração perverso e incrédulo, que se afaste do Deus vivo. Pelo contrário, encorajem-se uns aos outros todos os dias, durante o tempo que se chama 'hoje', de modo que nenhum de vocês seja endurecido pelo engano do pecado".

Seja o que for que estejamos enfrentando, não devemos fazer coisas erradas para produzir coisas certas. Devemos nos comprometer a manter nosso coração puro e colocar nossa confiança no lugar mais seguro: em Deus. Ele não deixa o pecado sem resposta: "A mim pertence a vingança e a retribuição. No devido tempo os pés deles escorregarão; o dia da sua desgraça está chegando e o seu próprio destino se apressa sobre eles" (Deuteronômio 32:35). Ele vê tudo. E está sempre presente.

Mesmo no livro de Ester, em que o nome de Deus sequer é mencionado, sua presença é muito real. Nenhum humano poderia ter planejado o que aconteceu. Mas às vezes Deus age de maneiras incríveis sem chamar nenhuma atenção para si mesmo. Ester certamente fez sua parte, assim como muitos outros. Porém, mais uma vez, eles não fizeram coisas erradas para produzir coisas certas. O jeito de Deus e o tempo de Deus são o jeito certo e o tempo certo de fazer as coisas.

Essa não é a única vez nas Escrituras em que um plano maligno pareceu que ia vencer. Na vida de Jesus, seus inimigos – o rei Herodes, os fariseus, os saduceus e Pôncio Pilatos, só para citar alguns – acreditavam que haviam criado um plano infalível para se livrar do Messias e pôr fim ao seu reinado. Mas os homens que se levantaram contra Jesus não eram os únicos vilões da história. O vilão final era o inimigo, Satanás, e as forças malignas que ele lidera. A ironia é que o próprio plano de Satanás levou à história redentora de Jesus. O inimigo o colocou no caminho da cruz, mas, a cada passo que Jesus dava, Satanás se aproximava da derrota. Em uma reviravolta semelhante, os planos e a estratégia de Hamã foram usados contra ele, causando sua própria ruína.

Em ambas as histórias:

- Havia um plano maligno.
- Havia um inimigo.
- Pessoas morreriam se alguém não interviesse para salvá-las.
- Um herói veio de origens humildes e não se parecia em nada com o que as pessoas esperavam.
- As pessoas do bem permaneceram humildes e honraram a Deus em sua abordagem para lidar com a situação desesperadora.
- As pessoas do bem foram posicionadas exclusivamente por Deus para cumprir seu plano.
- As pessoas do bem deixaram de lado o que era melhor para elas em prol de um propósito maior.[2]

2 TERKEURST, Lysa; MUDDAMALLE, Joel. *30 Days with Jesus: Experiencing His Presence Throughout the Old and New Testaments*. Nashville: Thomas Nelson, 2023. p. 41.

No caso da morte de Hamã, o culpado morreu no lugar do inocente. No caso de Jesus, o inocente morreu no lugar do culpado.

Ah, minha amiga, oro para que nos agarremos a esta verdade: trevas, pecado e desesperança foram vencidos. Jesus fez isso por mim e por você. Jesus ama você. Jesus vê você. Não importa quão sombria pareça a batalha que você está enfrentando, há esperança. Podemos não ser capazes de ver a vitória agora, mas, por causa de Jesus, o mal está em processo de ser finalmente derrotado. O mundo como o conhecemos agora, atormentado pelo pecado e pela dor, não é o nosso lar. O novo céu e a nova terra estão muito mais próximos do que pensamos (Apocalipse 21:3-8). Mas, por enquanto, nossa tarefa é continuar seguindo a Deus e confiando nele.

Eu sei que não é fácil, especialmente quando o que estamos enfrentando parece ser tão injusto.

Às vezes, penso que me agarro ao fardo da injustiça porque não vejo evidências tangíveis de Deus fazendo alguma coisa. Mas é disto que estou me lembrando: não servimos a um Deus que não faz nada. Mesmo no silêncio, no desconhecido e nos lugares onde parece que o mal está vencendo, ele está trabalhando. Podemos experimentar o mal neste mundo, mas, ainda assim, Deus reina sobre o mal. Há um Salvador do mundo que corrigirá todos os erros, mesmo que demore muito e que eu não veja isso enquanto estiver viva. O Jesus vitorioso prevalecerá sobre os erros e o mal cometidos contra você. Isso não significa que eu desisti. Significa que estou entregando a Deus o que nunca coube a mim carregar.

Enquanto isso, apenas temos que dar lugar ao mistério de Deus. Romanos 11:33-36 nos lembra disso:

Ó profundidade da riqueza da sabedoria e do conhecimento de Deus! Quão insondáveis são os seus juízos, e inescrutáveis os seus caminhos! "Quem conheceu a mente do Senhor? Ou quem foi seu conselheiro?" "Quem primeiro lhe deu, para que ele o recompense?" Pois dele, por ele e para ele são todas as coisas. A ele seja a glória para sempre! Amém.

Só mais uma coisa...

Tenho uma amiga chamada Jenny que sofreu muitas injustiças. Ela decidiu participar de um grupo de apoio com outras pessoas em circunstâncias semelhantes. Em suas reuniões, elas dão atualizações sobre o que está acontecendo em suas vidas. A cada semana, ela ouve sobre as lutas e vitórias das mulheres de seu grupo. É claro que ela comemora com cada uma que experimenta suas orações sendo respondidas. Jenny é muito madura em sua fé, e é uma das pessoas mais gentis que conheço. Mas às vezes é difícil ouvir que Deus está respondendo às orações de outros, sendo que ela ainda acorda com tantos problemas e situações dolorosas todos os dias.

Enquanto orava e lutava com isso, um dia Deus se manifestou a Jenny. Ela disse uma frase em voz alta que trouxe muito conforto ao seu coração. Quando me contou que agora lida melhor com a alegria das outras pessoas mesmo ainda sofrendo, soube na hora que aquela frase também seria uma mudança de perspectiva para mim: "O caminho que os outros percorrem para ver a glória de Deus é diferente do meu".

Estamos todas em uma jornada. Deus está conosco. Ele está a nosso favor. Mas a maneira como nos guia e o lugar para onde nos leva serão sempre um mistério. O que não precisa ser misterioso é isto: veremos a glória de Deus deste lado da eternidade ou do outro lado. Sua glória não será zombada. Sua glória não será negada. Sua glória será vista por aqueles que entregaram seu coração a ele. Nós só estamos percorrendo caminhos diferentes.

Uau. Oro para que isso ajude você tanto quanto me ajudou.

Lembre-se:

- É difícil entrar no futuro quando o passado não quer ficar no passado.
- Devemos continuar lutando para que nossas primeiras palavras cheias de angústia não sejam nossas últimas palavras cheias de amargura.
- Minha esperança não pode depender de Deus fazer justiça neste mundo. E certamente não posso limitá-la aos resultados que tanto quero. Tenho que colocar minha esperança em quem Deus é.
- Ausência de justiça não significa ausência de Deus.
- O jeito de Deus e o tempo de Deus são o jeito certo e o tempo certo de fazer as coisas.

Receba:

"Comerão do fruto da sua conduta e se fartarão de suas próprias maquinações." (Provérbios 1:31)

"Quem é sábio e tem entendimento entre vocês? Que o demonstre por seu bom procedimento, mediante obras praticadas com a humildade que provém da sabedoria. Contudo, se vocês abrigam

no coração inveja amarga e ambição egoísta, não se gloriem disso, nem neguem a verdade. Esse tipo de 'sabedoria' não vem do céu, mas é terrena, não é espiritual e é demoníaca. Pois onde há inveja e ambição egoísta, aí há confusão e toda espécie de males. Mas a sabedoria que vem do alto é antes de tudo pura; depois, pacífica, amável, compreensiva, cheia de misericórdia e de bons frutos, imparcial e sincera. O fruto da justiça semeia-se em paz para os pacificadores." (Tiago 3:13-18)

Reflita:

- Como você se sente em relação a esta afirmação: "Deus parece estar resolvendo as coisas para outras pessoas, mas não para mim"? O que ajuda você a lidar com esse sentimento de injustiça?
- Que nova perspectiva você precisa ter em mente quando parecer que aqueles que a feriram não foram punidos?

Ore:

Pai celestial,
Mesmo quando me deparo com o que parece injusto em minha vida e relacionamentos, sei que posso contar com o seu caráter que nunca muda. Sua justiça e misericórdia me trazem conforto. Obrigada por vencer as trevas, o pecado e a desesperança que vejo ao meu redor. O Senhor está trabalhando e corrigirá tudo o que está errado neste mundo. Ajude-me a entregar-lhe todas as coisas que não cabe a mim carregar.
Em nome de Jesus, amém.

Capítulo 8

Quando não confiamos, TENTAMOS ASSUMIR O CONTROLE

Eu estava conversando com um amigo outro dia sobre definir a palavra *vida* em uma frase. Decidimos que a frase deveria ser: "A vida... não é o que eu esperava". Ela às vezes funciona como uma festa surpresa. Outras vezes, como um ataque surpresa. A única coisa certa é que ela será cheia de imprevistos.

Sei disso, mas ainda tenho uma sensação dentro de mim de que basta eu saber, me preocupar, pesquisar, planejar, organizar e conversar o suficiente, além de ficar sempre à frente das coisas e garantir que todos estejam alinhados comigo, para que a vida seja o que deveria ser. Minhas expectativas de como tudo deve acontecer são para o bem de todos os que amo. Para mim, quanto mais o que eu vivo se desvia da minha definição de algo bom, mais eu quero tentar controlar o incontrolável. Não que isso seja de todo ruim. Afinal, eu quero ser responsável; mas preciso me cuidar para que esse desejo não se transforme na missão impossível de controlar o incontrolável.

É estranho como esse desejo de controle é sorrateiro. Afinal, eu nunca me considerei uma pessoa controladora. Costumo ser tranquila e flexível, e gosto que outras pessoas façam os planos para que eu possa apenas acompanhar o grupo.

Quando ouço a palavra "controlador", penso em alguém que, de maneira clara, recorre a ações emocionalmente abusivas, como: ameaçar, isolar, culpar, humilhar, agir de forma possessiva, monitorar de modo obsessivo e negar o direito de escolha. Não é desse tipo de controle que estou falando neste capítulo, e sim daquele desejo de impedir que eu e aqueles que amo experimentemos dificuldades e sofrimentos.

Isso não parece tão ruim, certo? Todas nós queremos impedir o máximo que pudermos que coisas ruins aconteçam, não é mesmo? Sim, mas posso acabar caindo em padrões não saudáveis se tentar impedir o que está além da minha capacidade de controlar. Afinal, se eu puder impedir que os problemas aconteçam, então não preciso confiar em ninguém mais. Não preciso me envolver com esse aterrorizante e incompreensível grupo de pessoas que faz escolhas desordenadas e coloca tudo a perder. E não preciso me envolver com a ideia aterrorizante e incompreensível de confiar em um Deus que permite cenários muito confusos, na melhor das hipóteses, ou devastadores, nos piores casos.

Mas meu desejo de controlar é uma ilusão. Talvez até uma desilusão. É presunçoso da minha parte pensar que sei o que é melhor para mim. E, no entanto, meu frágil coração, que treme de medo porque não suporta a ideia de outra situação terrível adicionada à história da minha família, continua dizendo: "Por favor, tente assumir o controle. Talvez você consiga fazer dar tudo certo desta vez".

O ato de confiar parece me desmascarar, mostrando aos outros que, sem que eles percebessem, eu estava me esforçando ao máximo para comandar a minha vida.

E aqui eu dou um suspiro.

Quero que meus relacionamentos sejam à prova de balas. Quero que todos que amo tenham as mesmas ideias que eu sobre o que é melhor para nós. Quero controlar a história para que os outros não me vejam com maus olhos, para que eu não pareça despreparada, burra ou maluca. Quero colocar grades de proteção em torno de qualquer coisa que me pareça arriscada. Quero que Deus seja previsível. E quero que a vida seja segura, me faça sentir bem e não tenha surpresas indesejadas.

Talvez esse seja o seu desejo também. Ou talvez seus desejos de controle tenham outra cara. Uma das minhas amigas disse que, para ela, estar no comando é ficar limpando a bagunça da sua família, em vez de descansar e curtir a vida com ela. Minha amiga não é apenas responsável. Ela passou dos limites e ficou obsessiva por limpeza.

Ela também consegue reconhecer isso quando fica conferindo e conferindo a mochila dos seus filhos todas as noites antes de dormir. Eles estão em uma idade em que já são capazes de organizar seus pertences sozinhos. Mas, se os deixar fazer isso, correrá o risco de que a manhã seguinte fique caótica caso eles esqueçam algo. Ela não quer correr o risco de se atrasar para o trabalho porque precisa voltar e pegar o que eles esqueceram. Ou pior, ela não quer que a escola ligue no meio do dia dizendo que precisa levar o item que falta. Isso é compreensível, certo? Ao longo da conversa, descobrimos que o verdadeiro problema era que ela não queria que seus filhos sofressem por não ter o que precisam, como costumava acontecer com ela na infância. Ou seja, ela não queria ser como sua mãe. Ela não queria apenas ajudar seus filhos, e sim impedi-los de sofrer as consequências de suas escolhas às vezes irresponsáveis. E não queria parecer uma mãe que não consegue manter tudo sob controle. Mais uma vez, ela não queria que os professores a vissem como extremamente irresponsável, como sua mãe.

Apesar da sua forma de ser controladora e das razões que a tornaram assim, saiba que é algo positivo manter as situações sob controle usando medidas realistas. Mas, se agarramos as coisas com tanta força que nosso nível de estresse e ansiedade afasta os outros de nós, ou se estamos constantemente à beira de um esgotamento emocional, precisamos reconhecer que essa não é uma maneira sustentável de viver. Em outras palavras, se nossa boca ficar tensa o tempo todo, será muito difícil sorrir e aproveitar a vida.

De onde vem essa ansiedade? Para mim, é a tensão entre meus desejos e a realidade. Quando algo não parece certo ou não sai como planejado, quero fazer o que puder para consertar. Não suporto ser pega de surpresa. Se algo ruim vai acontecer, eu pelo menos quero saber a tempo de me preparar para o impacto. Quero administrar as consequências antes que elas aconteçam. Quero gerenciar minha reputação como mãe, amiga, filha, irmã, obreira e líder. Certamente, todos os meus esforços garantirão que haverá muito menos sofrimento para mim e para aqueles com quem convivo.

Como resultado, faço ginástica mental tentando controlar o jogo. *"Se eu fizer isso, ela fará aquilo, certo? É melhor eu não dizer 'não', porque, se eu disser, isso a afastará ainda mais. Aposto que, se eu lhe der isso, ela voltará ao caminho certo. Se eu prometer isso, ela vai parar de cometer esse erro. Se fizermos x, y e z, as coisas correrão muito melhor para todos nós. Se eu conseguir reunir provas suficientes para mostrar a eles minha perspectiva, eles vão querer fazer o que estou sugerindo. Com certeza ele verá os mesmos sinais vermelhos que vejo se eu ajudá-lo a perceber seus pontos cegos. A vida será como deveria ser se todos formos cautelosos, cuidadosos e corteses e calcularmos o custo antes de tomarmos decisões. Certo?"*

Às vezes, quando pessoas com quem convivo fazem escolhas inesperadas e surgem circunstâncias difíceis, sinto como se estivesse na beira de um penhasco com gente determinada a ir em uma direção oposta à minha definição de certo, justo e bom.

Alguns estão dançando à beira do precipício. Eles não planejam pular, mas estão me estressando com suas decisões arriscadas. Outros querem mergulhar de cabeça: agem como se pular não fosse grande coisa, como se a queda fosse de apenas alguns metros. Enquanto isso, vejo uma desgraça iminente da qual eles não têm consciência. Fico perplexa por eles não verem o perigo. Fico apavorada com sua falta de cuidado.

Eu corro de uma pessoa para outra, puxando-as para trás. Mas, assim que as afasto da borda, elas voltam, e continuam voltando. Não suporto a ideia de que elas caiam. Eu conheço essas pessoas. Eu as amo. Cada uma delas carrega um pedaço do meu coração. Quando elas se machucam, eu me machuco. Suas escolhas afetam não apenas a vida delas, mas a minha também.

Fico desesperada para que elas retornem a um lugar de segurança. Para mim, uma parte crucial de confiar em alguém é saber que posso contar com ele para agir de forma responsável e ter o mesmo cuidado com suas escolhas que eu tenho com as minhas. Quero que eles analisem suas escolhas e vejam os mesmos resultados potencialmente terríveis que eu vejo.

Não que eu queira que eles pensem exatamente como eu, sei que somos todos diferentes. E isso é bom, porque eu posso estar errada em minha avaliação. Mas terei dificuldade em acreditar que é seguro confiar na avaliação deles se eles não tiverem um bom histórico de fazer escolhas sábias. Se eu começar a sentir que eles não estão pensando nos efeitos das suas decisões, me sentirei compelida a me envolver.

Porque, se estão agindo de forma descuidada, há uma grande probabilidade de que correrão atrás de mim se o teto desabar. E tenho medo das consequências que todos sofreremos se tudo acabar mal. Estou exausta de juntar os pedaços de algo que eu não quebrei.

Suspiro novamente. Meu cérebro está cansado de sempre tentar estar um passo à frente do grande desmoronamento que temo que aconteça se eu não intervier. E você? Como você vê as tendências controladoras se infiltrando em sua vida? Eu pesquisei com alguns dos meus amigos sobre isso, e aqui está a lista que surgiu:

- Precisar saber cada detalhe.
- Tentar obsessivamente descobrir como impedir que coisas ruins aconteçam.
- Ir a extremos para garantir não ser pega de surpresa.
- Ficar irritada quando as pessoas se desviam do seu plano.
- Ter expectativas irreais em relação aos outros.
- Achar que os outros são incapazes.
- Planejar demais.
- Ser excessivamente rígida com limites.
- Achar que seu jeito é o melhor.
- Recorrer à chantagem emocional.
- Usar o tratamento de silêncio.
- Ter uma atitude negativa quando lhe pedem para ser flexível.
- Tratar pequenas irritações como ofensas épicas.
- Procurar oportunidades para falar “Eu disse”.
- Recusar-se a mostrar seu lado vulnerável para poder manter o controle.
- Recrutar outros para pressionar a pessoa que você sente que não está cooperando com seu plano.

Se você reconhecer algumas de suas tendências listadas aqui, saiba que essa lista não tem a intenção de envergonhá-la. Esse não é um problema só seu ou meu, é um problema humano. Alguns pontos na lista decorrem de boas intenções e estão de acordo com a forma como Deus criou você (ser detalhista, por exemplo). Quando plantadas no solo certo, essas são ótimas qualidades. Mas observe que estamos falando de levar esses atributos ao extremo, a ponto de serem usados para controlar.

Essa lista nos dá um ponto de partida para enxergar se a mania de controle está roubando nossa paz. Todas essas coisas são compreensíveis em algumas circunstâncias, mas, quando se tornam os padrões habituais de como lidamos com o risco relacional e o medo do desconhecido, precisamos trabalhar nisso.

Lembre-se: controlar os outros não trará a vida que queremos. A ilusão do controle faz grandes promessas, mas nunca as cumprirá. Ela não nos deixará mais seguros, não impedirá que sofrimentos aconteçam, não tornará a vida menos complicada, não trará aquilo que tanto desejamos e não tornará nossos relacionamentos estáveis o suficiente para que a verdadeira confiança cresça.

Se pensarmos que somos a força estabilizadora que mantém tudo e todos sob controle, ficaremos exaustas e desiludidas com as imperfeições das pessoas. Ficaremos preocupadas e angustiadas, e talvez até tenhamos ataques de pânico quando virmos caminhos muito mais seguros na vida, com as pessoas que amamos, no entanto, recusando-se a segui-los.

Mesmo que tenhamos boas intenções com nossas tentativas de domínio, e mesmo que estejamos absolutamente certas de que, se não mantivermos as coisas estabilizadas, elas darão errado, nossos esforços humanos são insustentáveis. Podemos conseguir remendar algumas situações por um curto período, mas não podemos consertar o que está além da nossa capacidade.

Eu sei disso, mas com certeza não vivo assim. Afinal, permito que meu desejo de controlar volte a aparecer vez após vez.

Ao olhar para aquela lista de indicadores de controle, o fato de eu não querer ser pega de surpresa, para mim, é algo muito grande. Eu não quero estar despreparada. Isso me faz sentir que pareço irresponsável e alheia a questões que eu deveria ter percebido. Não quero que as situações me atinjam antes que eu me prepare para o impacto.

Acho que muitas de nós somos assim, certo? Talvez você não queira ser pega de surpresa porque não quer se sentir envergonhada. Você não quer que os outros tenham algo que possam usar contra você. Você não quer ser julgada injustamente como incapaz. Você não quer parecer tola. Ou talvez você não goste de se sentir como se tivesse sido deixada no escuro quando outros sabem algo que você não sabe.

Toda essa coisa de controle é difícil de admitir e processar, então deixe-me adicionar um pouco de leveza aqui. Irmã, o que estou prestes a compartilhar é uma história verdadeira, e pode ser confirmada por todas as dez mil almas que estavam presentes naquele dia infeliz. Para uma garota que não gosta de ser pega de surpresa, essa foi de arrasar.

Era uma das primeiras vezes que me pediam para falar em um evento em um estádio tão grande. Eu estava incrivelmente tensa: joelhos batendo, mãos tremendo e boca seca de tanto nervoso. Nesse evento em especial, os palestrantes não só deveriam falar, mas também fazer propaganda dos patrocinadores.

Como eu não tenho o dom espiritual do marketing, pedi aos coordenadores para escreverem cada detalhe do anúncio do patrocinador que eu deveria fazer. Felizmente, eles me disseram que eu não precisaria dizer nada porque dois outros palestrantes fariam esse papel. Tudo o que eu tinha que fazer era distribuir kits de apadrinhamento de crianças. "*Ótimo*", pensei.

Aquela organização de apadrinhamento de crianças faz um trabalho incrível para ajudar crianças carentes do mundo inteiro a terem comida, água e oportunidades de aprendizado enquanto as ensina sobre Jesus. Eu tenho uma criança que patrocino através de uma organização diferente com uma missão semelhante, mas não estava familiarizada com os detalhes de como esse programa de apadrinhamento funcionava. Então, apenas distribuir os kits parecia o melhor trabalho para mim. Confirmei com os responsáveis várias vezes que eu não teria mesmo que dizer nada.

Quando os outros dois palestrantes e eu subimos ao palco para convidar a multidão a participar dessa causa nobre, eu tinha uma sacola cheia de kits de patrocinador. Eu estava pronta para distribuí-los para qualquer um que levantasse a mão. Então, lá estava eu, parada no palco, sorrindo e me sentindo confiante com o trabalho que me havia sido designado. Mas o que aconteceu em seguida foi... bem... um desastre.

Os outros dois palestrantes se comoveram de alguma forma e se sentiram compelidos a pegar minha sacola e me entregar o microfone. Então, eles foram para o meio da multidão que agora estava olhando para mim, esperando que eu fizesse a propaganda. Mas a propaganda estava escrita nos cartões que os palestrantes estavam carregando para bem longe de mim.

O estádio estava em silêncio. O holofote em mim estava muito brilhante. E minha mente estava completamente em branco.

Eu não sabia nada da divulgação. E, a cada segundo de silêncio doloroso que se passava, a atmosfera daquele lugar ficava cada vez mais desconfortável. Tentei engolir em seco, mas não havia uma gota de saliva para tornar isso possível. Eu tinha que dizer alguma coisa, mas o quê?

Decidi que, em vez de inventar a propaganda e estragar tudo, eu apenas encontraria uma maneira de simpatizar com as lutas dessas crianças que precisavam de patrocinadores. Certamente, se eu falasse um pouco, os outros palestrantes voltariam com aqueles cartões!

Com olhos arregalados e o coração palpitando no meu peito, abri a boca. O que eu pretendia dizer era: "Eu me identifico com a realidade de ser uma criança em uma situação que parece não ter esperança". Em vez disso, o que saiu da minha boca foi: "Eu também já fui uma dessas crianças".

A plateia inteira se engasgou. E de repente me dei conta de que eles pensaram que eu costumava ser uma criança desse programa de apadrinhamento. Tentei esclarecer, mas não havia como consertar. Agora eu estava afogada em um testemunho que não era o meu. Quanto mais eu falava, pior ficava minha mentira não intencional, proveniente de puro pânico.

Foi tão ruim que o produtor do evento caminhou na frente do palco e disse com a boca: "*Pare! Pare! Pare! Pare! Pare!*" Se eles tivessem um alçapão, tenho certeza de que o teriam aberto e deixado o palco me engolir por completo. A boa notícia é que muitas crianças foram apadrinhadas naquele dia. A má notícia é que eu nunca descobri como corrigir isso... até agora.

Você pode acreditar que nunca mais subirei em um palco e farei qualquer tipo de propaganda a menos que eu tenha cada detalhe escrito em um cartão que eu segure em minhas próprias mãos.

Essa experiência de ser pega de surpresa agora é uma história engraçada. Mas, no caso de outras experiências semelhantes com desfechos desagradáveis, tenho de me esforçar muito para manter meu coração aberto e vulnerável. Meu desejo é erguer meus punhos e ficar na defensiva, ou simplesmente desistir, rastejar para minha cama e torcer para que o mundo me deixe em paz.

Mas o Senhor quer que eu me curve diante dele, sabendo que nada o pega de surpresa.

Seres humanos que quebram nossa confiança não têm o poder de frustrar os bons planos de Deus para nós. Eles podem ter influência suficiente sobre nossa vida para ferir nosso coração e nos fazer sentir que perdemos o rumo. Podemos até pensar que suas ações causaram tanta destruição que a vida nunca mais será normal. Mas as pessoas nunca serão mais poderosas do que Deus.

Ainda que sempre venhamos a ter problemas de confiança com o ser humano, a confiabilidade de Deus é infalível.

Essa declaração não deve ser um "curativo crente" que colamos em situações em que não sabemos mais o que dizer. É uma verdade conquistada com esforço, e preciso que você me lembre dela quando me encontrar cheia de ansiedade porque alguém que eu amo está indo em uma direção que me assusta. Quero que nos agarremos a essa verdade até o final deste capítulo. Pessoas nunca serão mais poderosas que Deus.

Sua Palavra nos assegura disso várias vezes com verdades como Lamentações 3:22-23: "Graças ao grande amor do Senhor é que não somos consumidos, pois as suas misericórdias são inesgotáveis. Renovam-se cada manhã; grande é a sua fidelidade!" Esses versículos nos tranquilizam com declarações fortes e definitivas como "são inesgotáveis" e "grande é a sua fidelidade", e gosto especialmente da parte "renovam-se cada manhã". Pense no quanto você confia em objetos novos; quando algo é velho, vai se desgastando e se torna cada vez menos confiável. Porém, as misericórdias de Deus nunca se desgastam e nunca se tornam menos confiáveis.

Contudo, para receber o benefício dessa garantia, temos que acreditar nela, agarrar-nos a ela e dizê-la em voz alta quando as dúvidas surgirem. E elas surgirão.

Depois que minha confiança foi quebrada de maneiras duras e inesperadas, tentar controlar as coisas se tornou uma habilidade necessária à minha sobrevivência. Durante os anos em que eu era constantemente pega de surpresa e a vida saía do controle, perdi muito da minha natureza tranquila. Lembro-me de que, naquela época, mensagens de texto e telefonemas de certas pessoas me faziam prender a respiração e me preparar para um golpe. Havia tantas notícias ruins chegando até mim que eu me sentia compelida a tentar controlar cada fonte de caos.

No fim, fazer isso não funcionou. Tentar controlar situações e pessoas me deixou com padrões de pensamento, dúvidas e gatilhos que até hoje tento eliminar. Estou tendo que ensinar novamente meu pensamento que um plano diferente não significa um plano ruim. É assustador, mas preciso me treinar a superar meu medo do inesperado, deixando que os episódios em minha vida aconteçam de maneira diferente do que eu previa.

Já melhorei um pouco nesse sentido, mas ainda tenho dificuldade quando se trata dos que são próximos a mim. Quanto mais perto estou de alguém e quanto mais suas escolhas têm um efeito direto sobre mim, mais ansiosa me sinto quando ele faz algo que eu não previa.

Você se identifica?

Se não entendermos algo sobre alguém, provavelmente não confiaremos nele nessa área. E tentamos controlar aquilo em que não confiamos.

Como eu disse, às vezes tento assumir o controle ficando mais intensa, direta e excessivamente focada em consertar certa situação. Outras vezes, faço o extremo oposto e apenas desisto, me fecho e saio de perto. Mas essas ações também são uma forma de controle.

Posso só dizer uma coisa? É claro que fazemos isso. Alguns nos decepcionaram, provaram que não querem nosso bem, erraram feio, mentiram para nós, esconderam a verdade de nós, nos fizeram sentir impotentes, nos fizeram parecer tolas e nos disseram que tudo estava bem quando nada estava bem. Pagamos caro por suas ações. Quando as pessoas têm um histórico ruim, é óbvio que não é sábio continuar confiando cegamente nelas. Porém, não queremos que nossos relacionamentos futuros paguem pelos pecados de quem quebrou nossa confiança no passado.

O maior de todos os riscos nessa jornada não é arriscar confiar e talvez ter o coração partido mais uma vez, e sim deixar de crescer e de ser curada do que aconteceu. Enquanto estivermos presas no ciclo vicioso de tentar controlar ou evitar pessoas, atrairemos o mesmo nível de disfunção nos próximos relacionamentos. Não avançaremos em direção às relações saudáveis e confiáveis que queremos. Ficaremos presas naquele mesmo poço de dor de ficar com raiva de quem nos traiu, tentando controlar aquilo em que não confiamos, duvidando de que Deus tem perspectivas boas reservadas para nós e limitando nossas possibilidades para o futuro.

Seria muito triste se nossa única definição de seguir em frente fosse convidar outras pessoas não curadas para o nosso poço de dor. Houve uma época em que eu estava assim. Mas agora não estou mais. E, como você está lendo este livro, suspeito que não esteja mais assim também. Estou muito orgulhosa de você e grata por Deus nos ter unido nestas páginas, a fim de que pudéssemos continuar a crescer juntas.

Uma das principais coisas que precisamos tratar é o pensar que a única maneira de nos proteger é sentindo que podemos controlar as circunstâncias e os seres humanos. Quando somos controladoras, achamos que essa é a maneira mais rápida de restabelecer a segurança, eliminar o estresse e impedir o que temos medo que aconteça. No entanto, estamos fazendo o oposto. Afinal, quando assumimos o controle, estamos basicamente dizendo a Deus para se afastar e nos deixar cuidar das coisas daqui para frente.

Recentemente, tive a oportunidade de visitar a cabine de comando de um navio gigantesco. Perto do final do passeio, o capitão perguntou se eu gostaria de me sentar em sua cadeira. Quando o fiz, fiquei maravilhada com a habilidade e a experiência necessárias para conduzir aquela embarcação com segurança.

Os amigos que estavam comigo tiraram várias fotos minhas, nas quais parecia que eu estava no controle. Mas era só uma brincadeira. Eu não tinha conhecimento nem experiência para fazer nada, a menos que o capitão me instruísse. Você consegue imaginar que tola eu seria se tivesse pedido a ele, alguém totalmente capaz e preparado, para confiar seu navio às minhas mãos totalmente incapazes? Tenho completa certeza de que eu estar na direção daquele navio teria sido um risco que ninguém queria correr. Pode ter sido bom me sentir no comando por alguns minutos, mas, se eu quisesse voltar para casa em segurança, precisava entregar o leme ao capitão.

Assim como no mar, existem perigos na vida com que só o capitão sabe lidar.

Deus nunca nos chamou a carregar o peso de manter tudo e todos sob controle. Isso esgota nossa paz.

Aprendi da maneira mais difícil que tentar controlar as pessoas não me permite construir uma confiança saudável nelas. Mais importante que isso, também tive de aprender que nem sempre estou certa. Às vezes, enxergo um precipício de desgraça iminente em algo que é só o degrau da calçada.

Vamos reduzir a velocidade agora e admitir que é difícil soltar as rédeas de algumas situações porque, honestamente, nossa motivação não é desejar estar sempre no comando, mas, sim, desejar segurança. Às vezes, me pego mentalmente correndo para o futuro, onde temo que haja uma desgraça prestes a acontecer, e então tentando fazer escolhas sábias agora para evitar problemas o máximo que posso. Algumas vezes, é sábio fazer isso. No entanto, embora seja bom planejar o futuro, não podemos ficar obcecadas por ele. Podemos controlar nossas escolhas hoje, mas não temos controle total sobre os resultados do amanhã. Assim como você, eu não gosto dessa última frase.

Com toda essa jornada de confiança, tenho de aprender a reconhecer o que pode ou não acontecer no futuro, fazendo, no entanto, a escolha de viver no hoje. Isto é o que posso controlar: fazer escolhas sábias agora, sabendo que Deus está no controle total. Isto é o que não posso controlar: tudo o que acontecerá nos amanhãs que virão. Em Mateus 6:34, Jesus nos lembra: "Portanto, não se preocupem com o amanhã, pois o amanhã se preocupará consigo mesmo. Basta a cada dia o seu próprio mal". Isso é algo muito difícil de viver às vezes, mas muito bom para termos em mente sempre.

Também estou aprendendo como confiar e em quem confiar, ao mesmo tempo em que equilibro minhas expectativas em relação aos outros. Tentar manter tudo e todos alinhados com nossas expectativas é uma tarefa impossível que, em última análise, nos deixa mais ansiosas, não menos. Se meu objetivo final for nunca mais ser pega de surpresa, estou me preparando para o fracasso. Tenho de reconhecer que terei minha confiança quebrada de novo de pequenas e grandes maneiras. É impossível controlar pessoas e circunstâncias de tal forma que eu nunca mais me machuque. E certamente meu objetivo em relação à minha confiança em Deus não pode ser reduzi-lo a ser previsível. Em vez disso, meu objetivo deve ser fazer o meu melhor para colocar minha segurança nele o tempo todo e, cuidadosa e razoavelmente, impor condições responsáveis para confiar nos outros.

Às vezes, confiarei em quem não devo. E, outras vezes, negarei confiança a pessoas dignas. Eu nunca acertarei tudo. Mas também não errarei tudo. Ainda assim, sofrerei muito mais no processo se me afastar de Deus e tentar assumir o controle de tudo sozinha.

Quanto mais eu tento forçar a vida que quero, menos provável será que eu a consiga. Quanto mais eu tento forçar os relacionamentos que quero, menos provável será que eu aproveite as pessoas à minha frente. Quanto mais eu exigir uma perfeição irreal dos outros, menos meus relacionamentos durarão. Quanto mais eu me recusar a confiar em Deus quando ele diz não, mais eu perderei algo que pode ser a proteção dele sobre mim. Quanto mais eu ficar impaciente com seu cronograma, mais deixarei de perceber os momentos belos que ele tem reservado para mim no presente. Com um olhar sombrio e um coração pesado, eu poderia perder tudo.

Agora, quero que nós duas respiremos fundo enquanto ponderamos a pergunta: O que faremos a respeito disso? Nós nos sentamos e tomamos a escolha de aceitar nossa vida hoje, assim como ela é. Eu imagino que, como eu, você tenha feito muitas orações dizendo o que você desesperadamente quer que ele faça com seus sofrimentos presentes. E acredito de todo o coração que o hoje faz parte da resposta a essas muitas orações.

> *Isto é o que posso controlar: fazer escolhas sábias agora, sabendo que Deus está no controle total. Isto é o que não posso controlar: tudo o que acontecerá nos amanhãs que virão.*

Por favor, leia isto com toda a ternura e compaixão que tenho ao digitar estas palavras:

Hoje pode não ser o que queremos. Pode não incluir todas as pessoas que pensávamos que estariam ao nosso lado nesta fase. Talvez muitos dos nossos sonhos não se realizaram.

Perdemos muito. Lamentamos muito. E, agora, temos uma coleção de memórias dolorosas que gostaríamos de não ter. Também temos memórias que gostaríamos de ter criado, mas as circunstâncias nos impediram.

Isso dói. Não entendemos. Então, como isso pode ser uma oração respondida?

Porque Deus ainda não terminou de agir.

Um grande passo é receber o que é bom e o que é difícil hoje sem os dentes apertados e o coração acelerado. Haverá cenários que poderemos mudar já, e muitos que não. Contudo, em vez de tentar controlar o incontrolável, podemos silenciar essa angústia com uma bela prática chamada *entrega*.

Quanto mais rápido entregarmos a Deus o que não entendemos, menos sofreremos. A cada dia que aceitamos nossa vida e entregamos ao Senhor o que não podemos controlar, nossa confiança nele cresce e produz o fruto da paz.

Tentar controlar o incontrolável gera caos. Entregar-me ao Único que está no controle produz paz.

Vamos repetir essas duas últimas frases: Controlar os outros gera caos. Entregar-me a Deus produz paz.

Controlar é a nossa maneira de tentar aperfeiçoar aquilo que nunca será aperfeiçoado.

Controlar é a nossa maneira de tentar reduzir o risco de sermos feridas, mas, na verdade, essa atitude aumenta as tensões relacionais.

Controlar é a nossa maneira de tentar manter as coisas do jeito que queremos que sejam, sem perceber que esse estresse está nos fazendo desmoronar. E é exatamente quando estamos controlando que enviamos o sinal mais claro para os outros e para Deus de que não confiamos neles.

Como eu disse antes, tentaremos controlar aquilo em que não confiamos. E que modo exaustivo de viver! Ansiosas, aborrecidas, irritadas, explosivas, insatisfeitas e agindo como se tivéssemos um poder que nunca teremos. Tenho notado que, quando vivo desse jeito, estou sucumbindo a uma vida egocêntrica e baseada no medo, não uma vida centrada em Deus e baseada na liberdade.

Não estou dizendo que você e eu somos pessoas descaradamente egocêntricas. Estou dizendo que, quando removemos a confiança em Deus do centro da nossa perspectiva, esse vazio é preenchido com uma enorme sensação de que tudo depende de nós.

Lembra das duas frases importantes? Controle gera caos. Entrega produz paz.

A única maneira que encontrei de não fazer algumas das ações dominadoras que citei é reconhecer quando estou ficando controladora. E, nesse instante de percepção, preciso parar e declarar que estou fazendo a escolha de começar a entregar a Deus aquilo que está além da minha capacidade de mudar no momento.

- "Deus, entrego ao Senhor essa reviravolta inesperada dos acontecimentos. Em vez de entrar em pânico e não enxergar sua provisão, vou procurá-la, sabendo que ela já existe e está aqui."
- "Deus, entrego ao Senhor essa tensão com minha amiga. Em vez de me apressar a fazer julgamentos sobre ela ou sobre mim mesma, através da oração vou deixar Jesus, que habita em nós duas, conversar com ela antes de eu abordar essa questão."

- "Deus, entrego minhas dúvidas de que o Senhor vai me ajudar desta vez. Em vez de olhar para as circunstâncias de hoje como prova da sua ausência, vou confiar que este dia é uma parte necessária do processo que só o Senhor consegue ver agora."
- "Deus, entrego ao Senhor a tristeza que sinto hoje. Em vez de tentar me entorpecer, irei para algum lugar onde possa adorar, ouvir sua verdade, buscar sua presença na natureza ou processar o que estou passando com pessoas que são biblicamente sábias."

Essas orações são meu modo de reconhecer que Deus me guia e eu o sigo. Note que nelas usei a palavra *entrego*, afirmando que estou fazendo isso no presente. De forma alguma alcancei a perfeição, mas estou disposta a praticar. Alguns dias você me encontrará melhor do que em outros. Deus já sabe que meus esforços serão falhos, mas manter meu coração inclinado para ele mais vezes do que afastado dele já é um bom progresso.

Eu estava fazendo esse exercício de entrega durante uma recente viagem missionária à Nicarágua. Em um dia em que tínhamos muita coisa planejada, não sei como, o carro em que estávamos nos trancou quando fechamos a porta. Tínhamos saído rapidamente do carro para tirar uma foto. Dentro dele deixamos nossos pertences, incluindo as chaves, sem perceber que, quando fechássemos a porta, ela se trancaria sozinha.

Esse único erro nos custou um dia inteiro. Tudo o que tínhamos planejado foi por água abaixo porque onde estávamos não havia chaveiros. Um de nós teve que dirigir quatro horas (ida e volta) para buscar outras chaves.

Era um dia bem quente. Perdemos o almoço. Aos poucos, a poeira dos veículos que passavam cobria cada centímetro de nós. E estávamos completamente desamparados e presos até conseguirmos aquelas chaves. Lembro-me de me sentir muito frustrada e irritada. E eu podia sentir uma atitude bem mandona surgindo. A ideia de entregar isso a Deus parecia ridícula. (Nota: se, na angústia da vida real, entregar algo a Deus parecer ridículo, esse é o sinal de que essa é a atitude certa a tomar.)

Eu estava orando enquanto caminhava para encontrar um banheiro quando, de repente, notei pequenas flores brancas se movendo em linha reta. Parecia que as flores tinham criado pés e estavam se movendo, seguindo a borda de um muro de cimento. Pensei comigo mesma: *"Será que minha insolação de hoje foi tão grande que estou delirando a ponto de pensar que há flores brancas dançando na minha frente?"* Quando me inclinei para olhar mais de perto, percebi que havia formigas embaixo de cada flor. Elas estavam carregando flores três vezes maiores que elas, aparentemente sem nenhuma dificuldade.

As flores estavam se movendo na direção certa porque as formigas eram fortes o suficiente para carregá-las. As formigas estavam fazendo o que as flores nunca poderiam fazer sozinhas. Era uma ilustração muito bonita de como seria se eu entregasse a Deus as circunstâncias que não consigo entender ou resolver sozinha.

Sussurrei uma oração em voz baixa. "Deus, estou frustrada por termos perdido um dia inteiro. Havia tanta coisa boa que poderia ter sido realizada hoje. Mas estou fazendo a escolha de entregar essa frustração ao Senhor e confiar que é exatamente aqui que nos quer agora. Mesmo que pareça um desperdício de tempo, sei que há mais neste evento do que eu posso ver."

E foi então que me dei conta. Eu havia orado e pedido a Deus para nos proteger nessa viagem. Eu soube naquele momento que, de alguma forma, confiar nele significava acreditar que essa situação do carro representava estarmos vivendo a resposta a essa oração.

Quantas vezes Deus respondeu às minhas orações, mas, porque suas respostas não eram o que eu esperava, resmunguei e reclamei? Quantas vezes aconteceu esse tipo de incidente que poderia ter servido para aprofundar minha confiança no Senhor, mas eu estava muito focada na minha frustração para perceber a ligação? Quantas vezes eu criei confusão com as pessoas que amo porque preferi controlá-las a confiar nelas? Quantas vezes eu temi tanto ser decepcionada por Deus que tratei a oração como último recurso, em vez de prioridade?

A entrega não é um evento único no momento da nossa salvação. Ela é diária. Às vezes, é de hora em hora ou até de momento em momento. Ao longo da Bíblia, encontramos exemplos de que o Senhor age com base em um primeiro passo que precisa ser dado com fé. Por exemplo, Deus salvou os israelitas do Egito. Mas eles tiveram que viver a realidade de sua liberdade aprendendo a deixar o Egito para trás enquanto caminhavam para a terra prometida de Deus. O apóstolo Paulo nos diz "ponham em ação a salvação de vocês com temor e tremor" (Filipenses 2:12). Ele estava dizendo que sim, somos salvos por Jesus, e que essa salvação tem implicações que temos de viver e desenvolver.

O mesmo conceito se aplica à entrega. Temos que aprender a nos entregar e fazer isso continuamente. Portanto, a entrega não é uma ação que, uma vez praticada, termina, mas sim um processo, uma atividade contínua que precisa ser sempre cultivada porque foi iniciada, mas ainda está incompleta. Ela está em processo e não há problema nisso, contanto que mantenhamos esse curso em andamento. Mas como mantemos a entrega em andamento? Escolhendo entregar a Deus o que queremos controlar.

Esse não é um ato de fraqueza. É, na verdade, um poder que preciso desenvolver cada vez mais. Meu papel é permanecer controlada e ser obediente a Deus. Todo o resto é papel dele.

Eu sei que abrir mão do nosso controle sobre circunstâncias, resultados e qualquer coisa que possa complicar ainda mais nossa vida pode parecer uma queda livre. Eu também sei que é tentador dizer: "Entregar não vai resolver esta situação. Não, vai apenas levar a mais dor, mais danos e mais confusão. Já vi isso acontecer várias vezes. É o que estou tentando evitar".

Eu entendo. Completamente.

E Deus também.

Este não é um livro que está levando você a buscar mais dor, nem um livro em que estou dizendo para você não agir de forma responsável e cuidadosa. Mas, embora os cuidados costumem funcionar, nunca poderemos dizer que criamos um mundo seguro em sua totalidade, um mundo onde cada situação e pessoa são 100% seguras e confiáveis, onde nunca, jamais, seremos feridas novamente. Não é assim que a vida funciona.

É claro que queremos ser sábias e conscientes e agir para impedir que comportamentos abusivos ou inseguros passem despercebidos. Mas vamos voltar àquela ideia de entrega constante. É um trabalho contínuo em nossa vida.

Podemos decidir as maneiras como praticamos isso. Então, se o ato de entregar parece significar procurar mais dor, talvez você precise começar pequeno.

Uma das coisas que aprendi a fazer é o seguinte: quando sinto ansiedade ou sentimentos controladores ou de desconfiança surgindo, eu paro e me pergunto: "*Como posso praticar a entrega neste exato momento?*".

Como isso acontece na prática?

Entregar é...

- Sussurrar uma breve oração de redenção a Deus.
- Orar com as mãos abertas.
- Escrever os assuntos específicos que me preocupam em cartões e colocá-los todos no chão. Os cartões das coisas que posso resolver, eu pego. Todos os outros, coloco dentro da minha Bíblia.
- Definir um tempo curto para meus pensamentos recorrentes quando estou tentando resolver os problemas e começo a ficar obcecada e preocupada. Eu me dou mais dez minutos e, em seguida, mudo meu ambiente e digo a mim mesma: Eu fiz minha parte por hoje. Agora, vou deixar Deus fazer a parte dele.
- Também gosto de colocar louvores para tocar enquanto estou fazendo esses outros atos de entrega. Descobri recentemente que Deus projetou nosso corpo de uma forma tão específica que cantar acalma nossa ansiedade. A caixa de voz, a laringe, está conectada ao nervo vago, o que significa que cantar ou até mesmo

murmurar ajudarão a diminuir nossa frequência cardíaca e a nos acalmar.[1] Saber essa informação me traz ainda mais compreensão do quão amorosamente Deus nos trata quando permanecemos focadas nele.

- Por fim, podemos fazer questão de notar e reconhecer as pequenas alegrias do dia e atribuir tudo isso à bondade e à fidelidade de Deus.

Praticar essas coisas simples me ajuda a permanecer no processo de entregar meu desejo de controle, meu apego aos resultados, minhas perguntas, dúvidas e medos intermináveis... tudo nas mãos do Deus que sempre é fiel. O Deus que pessoalmente vai adiante de mim. O Deus que nunca nos deixa à mercê de nós mesmas.

Quanto mais eu confiar no Senhor para fazer o que só ele pode fazer, menos resistirei a ele. Quanto menos resistir a ele, menos sofrerei com a ansiedade em relação ao desconhecido.

Confiar em Deus nos dará a coragem de confiar em outros que merecem confiança. Quando vivemos entregues a ele, sabemos que ficaremos bem, mesmo quando outros quebrarem nossa confiança. Confiar em Deus deve ser o alicerce sólido e certo sobre o qual podemos nos firmar enquanto corremos o risco e desfrutamos das recompensas dos relacionamentos.

Quanto mais confio em Deus, menos entro em pânico ao sentir o medo do desconhecido em meus relacionamentos. Quando transformo cada momento de confusão em um momento de entrega, posso sentir ansiedade, mas, no entanto, não sou dominada por ela.

---

1 "Music and the Vagus Nerve: How Music Affects the Nervous System and Mental Health", *Music Health*.

Só mais uma coisa...

Recentemente, eu estava olhando o Instagram quando uma postagem de Nicki Koziarz chamou minha atenção. Ela estava ensinando sobre a definição da palavra *maná*, o alimento que Deus proveu para os israelitas quando eles estavam vagando no deserto. Isso me levou a pegar minha Bíblia e ler a história de novo em Êxodo 16. Hoje estou em uma fase da vida completamente diferente de quando li esse trecho das Escrituras pela última vez. E, uau, enquanto meus olhos percorriam as finas páginas da minha Bíblia, notei novos detalhes que me atingiram de forma diferente agora.

Os israelitas estavam aflitos esperando essa libertação. Eles estavam sendo castigados e explorados sem misericórdia pelos egípcios. Mas, quando Deus lhes enviou uma mensagem através de Moisés, prometendo levá-los à terra que jurou dar a Abraão, Isaque e Jacó, eles já estavam desencorajados e exaustos demais para esperar a libertação. A Bíblia nos diz: "Moisés declarou isso aos israelitas, mas eles não lhe deram ouvidos, por causa da angústia e da cruel escravidão que sofriam" (Êxodo 6:9).

Eu me identifico com esses sentimentos. Realidades relacionais duras, traições, profundas decepções, circunstâncias difíceis de aceitar e eventos importantes da vida não funcionando como eu esperava – isso pode dificultar que eu veja além das minhas realidades atuais. Costumo acreditar mais que os cenários não vão melhorar do que o contrário. Quando as circunstâncias não são o que esperávamos como resposta de oração, é fácil tirar os olhos de Deus.

Isso aconteceu muitas vezes com os israelitas. E comigo também. Em vez de deixar a fé preencher as lacunas do desconhecido da minha vida, sou muito mais propensa a ficar desencorajada, duvidosa, e a sussurrar em voz baixa: "As coisas sempre acontecem assim comigo. Por que fico perdendo tempo orando?"

Eu não gosto de digitar isso. Eu não gosto de viver assim.

É por isso que a postagem de Nicki no Instagram sobre o alimento que Deus proveu para os israelitas, quando eles finalmente foram libertados e estavam livres no deserto , chamou minha atenção de fato. Ela explicou que a palavra *maná* significa "o que é isto?".

Ali estava um detalhe que eu não sabia, mas que precisava muito aprender naquela hora. Afinal, quantas vezes Deus me deu sua perfeita provisão com base em seu conhecimento exato do que eu precisava e eu olhei para ela com olhos de confusão ou nem percebi? O maná caía ao meu redor e eu clamava a Deus, perguntando: *"Por que esses flocos brancos irritantes estão caindo por toda parte? O que é isto? Deus, mande isso embora! Eu confiei que o Senhor me daria comida e recebi isso?!"*

Quero ignorar, me decepcionar e me desanimar com o que recebi, porém, mais uma vez, essa pode ser a resposta exata, para hoje, às orações que tenho feito.

Você consegue pensar em algo em sua vida agora que a levou a fazer a pergunta "o que é isto"? Não continue lendo. Essa pergunta é importante. Quando paramos de nos entregar a Deus, começamos a tentar assumir o controle.

Oro para que sejamos corajosas o suficiente para abrirmos nosso coração e para nos rendermos a Deus, a fim de que ele possa nos ajudar a dar os primeiros passos para seguir em frente. Quero trocar a impotência de tentar controlar resultados e pessoas pelo poder da entrega. Quero liberar meus medos e substituí-los por uma bela sensação de admiração. E quero começar a caminhar para frente, acreditando que ainda existem pessoas boas em quem vale a pena confiar. Deus ainda é bom e tem coisas boas reservadas para mim. A vida ainda é um lindo presente. E existe um mundo grande e incrível bem à minha frente.

Lembre-se:

- Seres humanos que quebram nossa confiança não têm o poder de frustrar os bons planos de Deus para nós.
- Quando não confiamos, tentamos assumir o controle.
- Embora seja bom planejar o futuro, não podemos ficar obcecadas por ele.
- Isto é o que posso controlar: fazer escolhas sábias agora, sabendo que Deus está no controle total. Isto é o que não posso controlar: tudo o que acontecerá nos amanhãs que virão.
- Controlar os outros gera caos. Entregar-me a Deus produz paz.

Receba:

"Graças ao grande amor do Senhor é que não somos consumidos, pois as suas misericórdias são inesgotáveis. Renovam-se cada manhã; grande é a tua fidelidade!" (Lamentações 3:22-23)

"Portanto, não se preocupem com o amanhã, pois o amanhã se preocupará consigo mesmo. Basta a cada dia o seu próprio mal." (Mateus 6:34)

Reflita:

- O que você costuma fazer para tentar "garantir" que as coisas deem certo para você e para os outros?
- Em qual área da sua vida você está obcecada com o futuro em vez de simplesmente planejar? Que passos você poderia dar hoje para confiar que Deus lidará com o que o amanhã reserva?
- Que pensamentos lhe vêm à mente quando você se senta e pondera as seguintes declarações: "Controlar os outros gera caos. Entregar-me a Deus produz paz"?

Ore:

Pai Celestial,
O Senhor sabe como eu luto entre confiar em ti e assumir o controle. Preciso da sua orientação enquanto busco entregar-lhe tudo. Quero trocar a impotência de tentar controlar resultados e pessoas pelo poder da entrega. Quero liberar meus medos e substituí-los por uma confiança tranquila no Senhor. E quero começar a caminhar para frente, crendo que ainda existem pessoas boas e seguras neste mundo, com quem vale a pena eu me relacionar. Eu não consigo fazer isso sem o Senhor.
Em nome de Jesus, amém.

Capítulo 9

Praia, mar E UMA MÁQUINA DE FAZER GELO

Era apenas uma máquina de gelo quebrada. Não era um evento catastrófico. Eu estava segura. Eu estava em um bom lugar e ansiosa para passar alguns dias de férias. Mas, quando a máquina de gelo quebrou na casa de praia em que estávamos hospedados e eu não consegui encontrar um técnico para me ajudar, comecei a entrar em pânico. Eu estava tendo uma reação desproporcional à pequena situação à minha frente. E, quando isso acontece, eu sei que não tem a ver com o acontecimento em si, mas com tudo o que está ligado a ele.

Eu podia sentir as lágrimas chegando. Logo eu estava agitando o punho no ar, e a reclamação começou:

"Se ele não tivesse quebrado minha confiança tantas vezes, e eu não tivesse sido tão condescendente, talvez nosso relacionamento ainda estivesse intacto, e eu não me sentiria tão frustrada toda vez que algo quebrasse, porque ele saberia como consertar as coisas! Mas eu não! E não consigo encontrar um técnico. Mesmo que encontre alguém para me ajudar, e se uma peça tiver que ser encomendada? E se essa peça estiver em falta? Ou, pior ainda, e se não puder ser consertado? Agora estou aqui com outra coisa quebrada, e não há nada que eu possa fazer a respeito!"

Eu sei. Eu estava agindo como uma criança. Como mencionei, geralmente sou do tipo que faz o que os outros decidem. Mas não naquele dia.

Na terceira vez que eu disse em voz alta: "Eu não consigo consertar essa máquina de gelo!", eu parei. De repente, me senti incrivelmente envergonhada pelo meu acesso de raiva. Mas, em vez de me fazer parar, o constrangimento apenas aumentou a intensidade da minha frustração. Eu soltei um ugggghhhhhhh!

De repente, foi como se esvaziar minha garganta tensa de raiva tivesse me dado uma ideia. Cinco palavras surgiram na minha cabeça... *"Mas e se eu conseguisse?"*

E se eu tentasse consertar? Qual seria a pior coisa que poderia acontecer? Quebrar? Já estava quebrado.

Eu revirei os olhos pensando no absurdo do que eu estava prestes a tentar. Então, pesquisei no Google "Como consertar uma máquina de gelo". Era uma pesquisa muito geral, com muitas opções e muitas instruções. Sendo assim, decidi fazer minha pergunta no YouTube e refinei a pesquisa com o nome da geladeira.

Eu assisti ao vídeo várias vezes. Abri o congelador onde toda a mecânica da máquina de gelo estava alojada. Devo ter dito em voz alta: "Você não vai me derrotar! Pelo amor de Deus, eu vou descobrir como arrumar esse negócio!".

E, sem brincadeira, eu consegui! Eu consertei aquela máquina de gelo! Você teria pensado que eu tinha acabado de escalar o Monte Everest ou terminado de correr uma maratona pela forma como eu fiz uma dança da vitória naquela cozinha!

E, quando ouvi o gelo virar na máquina e cair no meu copo, percebi que aquela alegria não tinha a ver com o aparelho e o fato de eu ter conseguido consertá-lo, mas, sim, com um momento de resiliência que eu podia ver, tocar e celebrar. Aquela resiliência era uma evidência tangível de que eu estava melhorando, crescendo e seguindo em frente ao enfrentar novos desafios. Mas, acima de tudo, foi um momento em que eu não sucumbi às limitações da minha ferida.

Eu escrevi no meu diário muitas vezes: "Só porque fui ferida não significa que eu tenho que viver ferida". Isso é fácil de escrever. Difícil de viver. Mas, naquele momento, sem fôlego de tanto dançar, eu estava fazendo isso!

O que isso tem a ver com a reconstrução da confiança? Quando sua confiança é quebrada, parte do que torna tudo tão incrivelmente injusto e difícil de superar é o quanto isso lhe rouba. A confiança quebrada enfraquece relacionamentos, reduz oportunidades e tira a sensação de liberdade que você costumava sentir quando tudo parecia seguro. O ceticismo começa a se instalar, não apenas com a pessoa que quebrou sua confiança, mas também com outros. Já analisamos essa questão. Mas outra coisa que acontece é que colocamos limitações em nós mesmas como resultado das ações de outra pessoa.

Não vou atribuir isso a você, mas, para mim, minha maior limitação depois de ter experienciado muita quebra de confiança foi que eu me tornei tão focada no que perdi que não conseguia ver o que poderia ganhar. Eu não sabia como seguir em frente, reconstruir meus músculos de resiliência e sair do trauma. Eu não queria que a traição e as mentiras que foram ditas sobre mim no passado se tornassem empecilhos no meu futuro.

Agora, o que tudo isso tem a ver com a máquina de gelo que eu consertei e com a construção dos meus músculos de resiliência? Um grande componente dos meus problemas de confiança é o trauma que experimentei por ter sido enganada e passado por toda a manipulação e engano criados por aqueles que me traíram. Como eu disse antes, toda vez que isso acontecia eu sabia que algo estava errado, mas, quando eu buscava esclarecimento, me faziam sentir que eu era louca. Parecia tão chocante, inquietante e confuso. Esse tipo de engano é abuso emocional.

Mas eu não sabia disso. Eu não percebia todo o dano que aquilo estava causando, e apenas continuava dizendo a mim mesma que algo estava errado comigo.

Talvez, para você, os problemas de confiança girem em torno de pequenas quebras. Talvez você tenha descoberto que sua amiga estava fofocando pelas suas costas. Talvez seu colega de trabalho tenha levado o crédito por algo que você fez. Talvez sua mãe tenha dito que estava muito ocupada com o trabalho para ir ver a apresentação de balé da sua filha, mas você descobriu que ela estava indo a um show com seu irmão.

Não importa se o evento que fraturou sua confiança foi grande ou pequeno: a maneira como você processa esses eventos determinará se você irá seguir em frente ou não.

No meu caso, eu não fazia ideia do que estava acontecendo, então simplesmente me calei em relação a tudo. Eu tinha medo de envolver terceiros em minhas suspeitas e acabar piorando relacionamentos cada vez mais frágeis; as pessoas até poderiam pensar que eu havia perdido totalmente a noção. E se eu acusasse aquele indivíduo de mentir, mas, então, quando outros fossem envolvidos, viesse à tona que o problema realmente era eu, e não eles? Quem iria querer me ajudar se eu fosse uma louca fazendo falsas acusações?

Eu fiquei quieta e afundei cada vez mais no desespero.

Uma especialista em trauma disse: "Trauma não é um evento. É a forma como você processa o evento".[1] Então, se você processa as coisas de forma saudável, com uma forte rede de apoio que ajuda você a se tratar e ver a verdade com

---

1 MARIE, Simone. "Can You Get 'Stuck' at the Age You Experienced Trauma?" *PsychCentral*, última atualização em 5 jan. 2022.

mais nitidez, os efeitos duradouros não serão tão devastadores. Mas, se não tiver essa ajuda ao vivenciar um evento traumático, você pode acabar se sentindo presa nesse trauma.

Acredito que fiquei traumatizada porque me calei sobre o que estava acontecendo e não tive ninguém para conversar ou me ajudar. A história da traição não era apenas um evento na minha vida; tornou-se a história que bagunçou minha vida. Quando nosso processamento de um evento é limitado apenas à nossa própria perspectiva, manchada pela dor, pelo choque e sofrimento, é como tentar olhar através de um vidro quebrado. Ele jamais lhe trará clareza. Tudo o que for visto através dele parecerá irregular, quebrado e perigoso.

A traição aconteceu de forma externa. Mas a dificuldade em confiar aconteceu de forma interna.

Quando você sente que não tem voz, nem apoio, nem proteção, nem clareza, a confiança quebrada em uma relação se transforma em dificuldade em confiar em quaisquer relacionamentos.

A traição aconteceu de forma externa.

Mas a dificuldade em confiar aconteceu de forma interna.

Ninguém poderia mudar isso por mim. Eu tinha que decidir fazer isso.

Novos relacionamentos, pessoas seguras, circunstâncias melhores e ambientes saudáveis poderiam me ser úteis para seguir em frente. No entanto, será que o meu interior – cheio de frustrações fervilhantes, focadas na injustiça e fixadas naquela horrível sequência de eventos – ficou alarmado por causa da traição? Foi ele que me fez andar pela cozinha com o punho fechado e a crença limitada de que minha vida se resumia a ter uma máquina de gelo quebrada e a eu mesma estar quebrada em todos os sentidos.

Sei que isso é um grande drama por algo que deveria ter sido apenas o aborrecimento cotidiano de um eletrodoméstico que não funciona. Mas não é aí que muitas de nós desmoronamos? É aquela coisinha quebrada, colocada em cima de todo o fardo de dor que estamos carregando, que nos faz desmoronar completamente e chorar até não poder mais.

Descobrir como lidar com essas questões dentro de mim parecia complicado e exaustivo. Além disso, eu sei que trauma não curado atrai trauma não curado. Somos atraídas pelo que é familiar. E a última coisa que eu queria fazer era ser involuntariamente atraída para pessoas que lidam com a vida usando táticas enganosas. Eu não queria outro relacionamento assim. E, ainda mais, eu não queria começar a ser enganosa como forma de me proteger.

Eu tinha que ter um plano. E o plano não poderia ser ligar para meu conselheiro 24 horas por dia, 7 dias por semana, para sempre.

Aquele momento na cozinha em que eu me rebelei contra a dor e consertei a máquina de gelo me ensinou algo importante. E eu sabia que esse ato rebelde de resiliência seria fundamental para me ajudar a seguir em frente.

Se a forma como eu processei a traição ajudou a me meter naquela bagunça, então reprocessar certamente poderia me ajudar a encontrar uma maneira de sair da bagunça.

Dois termos que indicavam estagnação para mim eram *não consigo* e *não quero*.

> ***Eu não consigo*** *lidar com isso.* ***Eu não consigo*** *fazer isso.* ***Eu não consigo*** *confiar nas pessoas.* ***Eu não consigo*** *consertar isso.* ***Eu não consigo*** *mudar.*
>
> ***Eu não*** *acho que isso vai melhorar.* ***Eu não quero*** *tentar.* ***Eu não*** *acredito que seja possível.* ***Eu não*** *acho que Deus tem um bom plano para mim.* ***Eu não*** *quero ter esperança de novo.*

Agora, por favor, incline-se para perto de mim. Se não cuidarmos bem desse tipo de processamento quebrado, nossos "não consigo" e "não quero" se transformarão em "não vou".

> ***Eu não vou*** *lidar com isso.*
> ***Eu não vou*** *fazer isso.*
> ***Eu não vou*** *confiar nas pessoas.*
> ***Eu não vou*** *consertar isso.*
> ***Eu não vou*** *mudar.*
> ***Eu não vou*** *melhorar.*
> ***Eu não vou*** *tentar.*
> ***Eu não vou*** *acreditar.*
> ***Eu não vou*** *confiar que Deus tem um plano bom.*
> ***Eu não vou*** *ter esperança de novo.*

A cura da traição e da dificuldade em confiar será gradual e pode ser complicada. Levará tempo. Provavelmente mais tempo do que gostaríamos. Mas, quando ouvimos nossos "eu não consigo" e "eu não quero" e garantimos que eles não se transformem em "eu não vou", podemos ver um progresso significativo já.

Tente usar palavras novas como:

Estou disposta a tentar.
Talvez eu consiga encontrar alguém que possa me ensinar.
Esta é uma oportunidade para eu ser corajosa.
Eu consigo fazer isso.

Ou, como eu,

Mas e se eu conseguisse?

Meu conselheiro adora me lembrar de que as palavras moldam nossa realidade. Se acreditarmos que não podemos, provavelmente não vamos conseguir.

Uma última coisa: essa percepção não se limitou apenas a eu consertar aquela máquina de gelo. Não, eu preciso ouvir os "eu não consigo" e "eu não quero" todos os dias.

Naquela mesma viagem, algumas amigas foram comigo à praia. Ann era do Canadá e Jessica veio do Tennessee. Ann e eu tínhamos a mesma definição do que significava "ir à praia com amigos": cadeiras de praia, leitura, conversar sobre a vida, comer coisas gostosas e jogar cartas. Jessica também gostava de tudo isso. Mas, para ela, ir à praia significava entrar no mar.

O quê?! Você quer dizer aquele enorme corpo de água que é tão lindo de se ver, mas que contém águas-vivas que queimam, tubarões que mordem e arraias que perfuram a pele?

Jess estava sendo muito, muito engraçada, fingindo que queria que Ann e eu arriscássemos nossas vidas enquanto também molhávamos nossos cabelos e enchíamos nossos biquínis de areia.

Ah, mas, na verdade, ela estava falando sério. E não importou o quanto protestamos, ela ainda carregou três pranchas de *body board* para o oceano. *Que gracinha. Que Deus a abençoe por desperdiçar tanta energia.*

Quando chegamos perto da água, Jessica não disse uma palavra. Ela apenas colocou uma prancha perto dos nossos dedos e saiu para pular nas ondas.

"Eu não me dou bem com o mar", murmurei baixinho.

Droga. Assim que me ouvi dizer *não*, revirei os olhos. Soltei um suspiro profundo e sacudi os protestos de todas as células do meu corpo dizendo para eu parar, congelar e me sentar de volta. Peguei a prancha e saí voando e batendo as asas na espuma branca que vinha em minha direção com mais força do que eu esperava. Não foi nada elegante ver a água torcer meu corpo para os lados e puxar a parte de baixo do meu biquíni. Na loucura de tentar não mostrar minhas partes íntimas para o mundo inteiro, comecei a rir como eu não ria há muito tempo. Fiquei na água, brinquei, pulei e me diverti muito. E o melhor de tudo: não morri! Com certeza, aproveitei aqueles momentos ao máximo.

Foi mais um passo, ou talvez um salto, para frente.

Por favor, experimente fazer isso. Quero dizer, você não precisa consertar uma máquina de gelo ou pular no mar, mas não perca a oportunidade de superar um "eu não consigo" ou "eu não quero" *hoje*. Você verá progresso *hoje*. Você criará músculos de resiliência *hoje*. E, com o tempo, quanto mais capaz você se sentir, mais empoderada ficará. Quanto mais empoderada você ficar, mais confiará em seu próprio discernimento novamente. Quanto mais você confiar em seu próprio discernimento, menos temerá o risco de convidar as pessoas certas, embora imperfeitas, para sua vida. Menos resistirá a tentar reconstruir, redescobrir e refazer sua vida, que vale tanto a pena viver. Viver de verdade. Não apenas sobreviver, mas viver melhor do que nunca.

Como eu sei disso? Porque estamos crescendo. E crescer significa que estamos vivendo. E viver significa que há mais coisas boas que Deus quer que experimentemos. Continuar a buscar relacionamentos é arriscado. Mas o risco maior e mais trágico é nos fecharmos em nós mesmas e desistirmos.

As pessoas que me machucaram não podem me fazer desistir. Essa escolha é minha. Elas também não podem fazer você desistir. A escolha é sua.

Então, eu escolho consertar máquinas de gelo e entrar no mar. E viver.

Só mais uma coisa...

Ser corajosa nem sempre é algo que você sente. É algo que você faz.

Você faz isso diante do medo, de resultados desconhecidos e de riscos que definitivamente não quer correr.

Você faz isso quando seu inimigo a está encarando com declarações zombeteiras de derrota. Não faz isso para provar que há algo grandioso dentro de você, e sim porque, se não o fizer, algo morrerá em você.

> *Ser corajosa nem sempre é algo que você sente.*
> *É algo que você faz.*

Você faz coisas corajosas porque é hora de se levantar, erguer a voz e liberar a verdade em suas palavras.

O que aconteceu foi errado. Reconheça isso. Fale sobre isso. Chore por causa disso. Mas não morra por causa disso. Você foi ferida, mas não precisa viver ferida.

Ser corajosa
nem sempre é algo
que você sente.
É algo que
você faz.

Você faz coisas corajosas porque foi feita para se relacionar. Não com todas as pessoas, mas com as pessoas certas. Corra os riscos certos. Vá com calma. Mas não pare. Não recue. Não fuja.

Você faz coisas corajosas porque é uma mulher que pode se ajoelhar humildemente e se levantar intencionalmente. Você encontrará pessoas boas, e pessoas boas encontrarão você.

E você fará coisas corajosas até se tornar corajosa. Você sentirá amor novamente. Dará risadas novamente. E saberá no fundo da alma que não irá desperdiçar tudo o que aprendeu. Aquelas lágrimas derramadas, cada uma delas, ajudaram você a deixar a dor ir embora e dar lugar à possibilidade.

Sua vida não é uma tragédia. Ela é um testemunho de que Deus é sua Rocha e seu Redentor. E, se suas mãos estiverem tremendo, que seja apenas porque você está apontando para o diabo, que desta vez escolheu mexer com a garota errada.

Não espere até se sentir corajosa. Vá e seja corajosa. Lembre-se: se Deus é por você, nada poderá ser contra você (Romanos 8:31).

Lembre-se:

- Experimentar coisas novas em pequenos atos de resiliência é uma evidência tangível de cura, crescimento e progresso.
- Se acreditarmos que não podemos, provavelmente não vamos conseguir.
- A traição aconteceu de forma externa. Mas a dificuldade em confiar aconteceu de forma interna.
- Continuar a buscar relacionamentos é arriscado. Mas o risco maior e mais trágico é nos fecharmos em nós mesmas e desistirmos.

Receba:

"Que diremos, pois, diante dessas coisas? Se Deus é por nós, quem será contra nós?" (Romanos 8:31)

Reflita:

- Que pequenos atos de resiliência fizeram você se sentir forte e corajosa recentemente?
- Que frases como "eu não quero" e "eu não consigo" você poderia começar a trabalhar para superar hoje?

Ore:

Pai celestial,
O mar à minha frente parece perigoso e arriscado demais para compreender, quanto mais para molhar os pés. Mas eu sei que o Senhor está colocando oportunidades diante de mim em que posso praticar pequenos atos de resiliência com seu olhar amoroso e atento a me vigiar. Ajude-me a fazer coisas boas e corajosas, especialmente nas fases em que não me sinto corajosa.
Em nome de Jesus, amém.

Capítulo 10

O segredo DA VERDADEIRA CURA

Se um dia eu disser que fiz uma trilha, não quero que você imagine aquele terreno íngreme, onde suamos e tossimos até quase perder um pulmão. Algumas pessoas chamam isso de divertido. Eu não. Mesmo assim, já fiz trilhas malucas que meus amigos disseram não serem "tão difíceis assim". E "Você chegará ao topo bem rápido e a paisagem valerá muito a pena". E "Ah, não, não tem ursos lá". Mentirosos, mentirosos, mentirosos. A paisagem era realmente linda, mas existem trilhas aceitáveis e menos arriscadas, que parecem uma caminhada suave pela floresta, onde também se pode ver coisas bonitas.

O tipo de caminhada suave era o que eu estava fazendo quando vi uma pequena placa marcando uma árvore caída. Eu pensei que ela estava morta. A placa colocada em frente à árvore dizia: "O Carvalho Resiliente: A tempestade que derrubou esta árvore não a impediu de proteger a floresta e a comunidade da ilha com sua copa abundante".

Que lindo legado para uma árvore. Adorei. Embora a tempestade tenha a derrubado, ela ainda foi capaz de ajudar a proteger a comunidade.

Mas, enquanto eu continuava olhando, entendi melhor seu nome. O carvalho não estava morto. Mesmo com as grandes raízes arrancadas com uma grande porção de terra ainda presa a elas, de alguma forma parte do seu tronco tocando o chão criou novas raízes onde caiu. E a sua parte superior ainda está viva até hoje.

Enquanto eu estava ali olhando para a árvore, a imagem de resiliência que ela retratava mexeu comigo. Quando temos nossa confiança quebrada de forma grave, pode parecer que estamos no meio de uma tempestade feroz e poderosa.

Eu adoraria dizer que, no meu caso, eu estava tão firmemente plantada com raízes profundas que a confiança quebrada me dobrou, mas não me quebrou.

Mas isso não é verdade.

Os ventos e furacões continuaram em minha vida por tantos anos que, com o tempo, me derrubaram. Lembre-se: minha confiança não foi quebrada apenas em um relacionamento significativo, mas de forma contínua, de maneiras grandes e pequenas. Eu me recordo de ter dito aos meus amigos que estava tão abatida que me sentia lambendo o chão do inferno. Eu não sabia como me levantar de novo.

Os dias se transformaram em semanas e, em seguida, as semanas se transformaram em meses de tanta dor e sofrimento que eu mal tinha energia para fazer mais do que apenas sobreviver. Eu estava fazendo o que tinha que fazer com meus filhos e meu trabalho, mas algo no fundo de mim se sentia morto, entorpecido e indiferente. Eu não queria deixar essa parte de mim voltar à vida porque, se eu me permitisse sentir qualquer coisa, uma dor intensa estaria ali esperando para me despedaçar. Não ter sentimentos parecia melhor do que me abrir para essa sensação.

Mais tarde, o entorpecimento passou e uma solidão extrema se instalou. Eu não conseguia mais sufocá-la e apenas seguir em frente para sobreviver. A dor estava exigindo que eu lidasse com a fragilidade dentro de mim.

Eu não sabia como forçar meu ser curvado e quebrado a se levantar de novo, como replantar minhas raízes e tentar voltar ao que era antes. Esse trauma havia mudado muita coisa em minha vida. E, honestamente, eu estava mudada. Eu me sentia danificada, quebrada e refeita, mas não para melhor.

Porém, enquanto eu olhava o lugar onde o carvalho caído havia criado novas raízes, achei que ele era uma das árvores mais bonitas que já tinha visto. Havia muitos daqueles naquela trilha, mas nenhum falou comigo como esse. Sua mensagem de resiliência era tão inspiradora que fiquei ali por um longo tempo, admirando e honrando o que havia feito.

Achei interessante que a árvore caída não havia se separado das antigas raízes. Você ainda podia vê-las levantadas, fora do chão. Então, ela não deixou de ser quem era, mas ganhou nova vida criando novas raízes. Isso não aconteceu da noite para o dia. Mas aconteceu. Ela agora estava muito diferente do que era antes, mas era um diferente bom. Antes, parecia uma árvore grande. Agora, não era apenas uma árvore; era uma árvore com uma mensagem que inspirava todos que a viam.

Talvez o segredo da verdadeira cura seja mudar o objetivo final. Em vez de esperar que a cura me fizesse voltar a ser como eu era antes, eu poderia deixá-la me transformar em uma versão mais saudável de mim mesma. Em vez de me concentrar em tudo o que me foi tirado, talvez eu pudesse mudar meu foco para o que esta nova fase poderia me trazer. Acima de tudo, assim como o carvalho, uma das melhores coisas que eu poderia ganhar nesse processo era uma história que pudesse ajudar outros a passar pela fase assustadora de serem traídos por amigos e entes queridos.

Eu nunca quis que a história da minha vida fosse a de uma professora de escola dominical divorciada. Eu nunca quis perder os amigos que perdi. Eu nunca quis que as pessoas me julgassem, ridicularizassem, inventassem histórias sobre mim ou me descartassem, como se o divórcio fosse lepra emocional. Mas, enquanto eu estava ali olhando para aquela árvore,

Em vez de me concentrar em tudo o que me foi tirado, talvez eu pudesse mudar meu foco para o que esta nova fase poderia me trazer.

pensei comigo mesma: "*Eles podem ter me derrubado, mas eu aceitarei o que aconteceu, criarei novas raízes e transformarei o quebrado em belo*".

E foi então que descobri o verdadeiro antídoto para a dificuldade em confiar. Não é escolher as pessoas certas com precisão. Não é pegar cada rasgo e fazer com que seja remendado perfeitamente. A verdadeira solução é aceitar que, no mundo humano, a confiança nunca é uma certeza. Alguns relacionamentos nos machucarão. Alguns relacionamentos ajudarão a nos curar. Mas, se ancorarmos nossa esperança no Senhor e desenvolvermos os músculos da resiliência, os riscos da confiança serão muito menos aterrorizantes.

A mulher que prospera na vida não é aquela que nunca tem seu coração partido. É aquela que planta sua fragilidade no rico solo de sua fé em Deus e espera com expectativa para ver o que de bom Deus fará crescer em seguida. Salmos 1:3 nos diz: "É como árvore plantada à beira de águas correntes: Dá fruto no tempo certo e suas folhas não murcham. Tudo o que ele faz prospera". Nada que colocamos nas mãos de Deus é devolvido sem sentido.

Não se assuste com as tempestades que destroem sua confiança. Afinal, sabe quem é mais poderoso do que tempestades arrasadoras? A pessoa que se ergue do chão diante de quem tentou derrubá-la. Essa é a filha de Deus. E ela não está aqui para cair e ficar caída. *Ei, diabo, se mexer com ela, Deus usará o testemunho dela para derrubar você e tirá-lo do jogo.*

Amiga, você é mais forte do que pensa. Você é mais sábia do que acredita ser. Você está mais viva do que nunca. Portanto, ouse confiar novamente. Faça isso com cuidado, oferecendo sua confiança com sabedoria. Mas não coloque

Você é mais forte
do que pensa.
Você é mais sábia do
que acredita ser.
Você está mais viva
do que nunca.
Ouse confiar
novamente.

pressão sobre si mesma para fazer essa coisa de confiança dar certo. Deus estará com você. E, como aprendemos juntas, ninguém é mais poderoso do que Deus.

Algumas das pessoas próximas a você serão confiáveis, e outras não. Mas você, minha amiga, agora está bem preparada para fazer o seu melhor e continuar caminhando. E, na próxima vez que nos encontrarmos, espero que ambas tenhamos histórias de relacionamentos com entes queridos que sejam seguros, saudáveis e muito mais tranquilos. E que sejamos capazes de dizer com sabedoria e confiança às pessoas certas: "Eu quero confiar em você, e agora consigo".

SÓ MAIS UMA COISA...

Qual é a sensação de estar curada e conseguir confiar de novo?

Parece com lágrimas
Encarando medos
Rastejando de volta para a cama
Cobertores sobre minha cabeça
Parece com tempo
Admitindo que não estou bem
Ainda não e sem ideia de quando
Querendo desistir
Mas não desistindo
Parece com uma luta
Encarando à meia-noite
Uma cama fria
Pensamentos confusos
Emoções dormentes e selvagens
Decidindo viver
Não me deixando entregar à derrota

Não é um checklist
Ou um punho fechado
Ou uma tentativa de sobreviver
Não, estar curada é viver
São atos rebeldes de resiliência
É perseguir o sol
Redescobrir a diversão
É voltar a subir
Talvez a duras penas
E ir além
Saindo de onde eu estava
Recusando-me a dar ouvidos à dúvida derrotista
É trabalhar naquilo que estou passando
E, quando outra pessoa quebrar minha confiança,
Eu não deixarei que isso me quebre
É aconselhamento e ponderação
É ficar bem com o silêncio
E, então, dançar e fazer barulho
Levantando minha cabeça com orgulho
Ajoelhando-me diante de Deus humildemente
E finalmente sabendo que eu ficarei bem
Mais do que bem
Talvez melhor do que nunca
Definitivamente melhor do que nunca

Lembre-se:

- Em vez de me concentrar em tudo o que me foi tirado, talvez eu pudesse mudar meu foco para o que esta nova fase poderia me trazer.

- Nada que colocamos nas mãos de Deus é devolvido sem sentido.
- Você é mais forte do que pensa, mais sábia do que acredita ser e está mais viva do que nunca.

Receba:

"É como árvore plantada à beira de águas correntes: Dá fruto no tempo certo e suas folhas não murcham. Tudo o que ele faz prospera!" (Salmos 1:3)

Reflita:

- Depois de ler a história do carvalho caído, você percebeu que criou novas raízes ultimamente ou que quer criar novas raízes a partir de agora?
- Qual foi a parte mais encorajadora deste capítulo para você? Por quê?

Ore:

Pai celestial,
Como o Senhor foi fiel e presente ao meu lado enquanto eu reservei esse tempo para aprender mais sobre confiança em meus relacionamentos contigo e com as pessoas em minha vida! O Senhor nunca me deixou, e sou grata por isso. Ajude-me a levar a sério e a praticar o que aprendi com oração e sabedoria. Mostre-me o caminho a seguir. Confio plenamente no Senhor para ser meu guia e meu auxílio constante. Em nome de Jesus, amém.

Conclusão

Só mais uma coisa...

E dessa vez é Deus quem está falando

O que você está prestes a ler é algo que postei em um blog e que escrevi quinze anos antes de escrever este livro. Eu não me lembrava dele até que alguém recentemente o encontrou e me mostrou. Enquanto eu lia, minha boca se abriu e comecei a menear a cabeça.

Se você leu meu livro *Good Boundaries and Goodbyes* [Bons limites e boas despedidas], sabe que ele terminou com uma amiga encontrando minha Bíblia de infância e buscando uma maneira de me entregá-la, mesmo sem nos vermos há mais de trinta anos. Dentro da Bíblia havia uma mensagem que eu havia escrito quando adolescente que era exatamente o que eu precisava ler no dia em que recebi a Bíblia de volta. Foi a última confirmação de que eu estava fazendo a coisa certa ao tomar uma das decisões mais difíceis da minha vida.

E agora, enquanto estou terminando este livro, surge outra anotação do meu eu do passado.

Se isso parece loucura, eu concordo. Mas não é típico de Deus usar algo tão inesperado?

Aqui está o texto escrito pela Lysa de 2009:

> *Eu tenho uma amiga cuja vida parecia uma preciosa carta de amor. A cada dia, ela abria o papel bem dobrado e vivia sua agradável rotina com grande alegria.*
>
> *Sua vida era uma leitura de amor, propósito, tradição, estabilidade, respeito e fé. Dia após dia, página após página, seu legado decorava as bordas do seu bilhete com pinceladas de beleza constante.*

Então, em um dia surpreendente, ela acordou e descobriu que alguém em quem ela confiava muito havia, consciente e propositalmente, rasgado sua carta de amor ao meio. Chocada e ferida, ela pediu a essa pessoa que a colasse de volta.

Embora a carta nunca mais parecesse a mesma, finalmente um coração apto a perdoar e um olhar de graça permitiram que ela voltasse a ver sua vida como antes. Sua pequena carta havia passado por muitas coisas, mas, estranhamente, não parecia tão frágil quanto antes. O papel parecia mais resistente do que nunca. E ela descobriu que o que é bom pode surgir até mesmo nos rasgos e lágrimas da vida.

Dias de cura se transformaram em anos de cura, e logo a cicatriz do papel foi tão bem remendada que mal dava para perceber que ele havia sido rasgado.

Houve alegria. Mas, então, a tristeza retornou.

Uma manhã, ela acordou e descobriu que sua carta havia sumido. Agitada e desesperada, ela abriu a porta da frente, tentando respirar. E ali, para seu grande horror, ela viu pedaços e pedaços de sua carta girando e sendo levados pelo vento. Sua carta, sua vida, tudo o que era precioso e aparentemente protegido nunca mais seriam os mesmos.

Desta vez, as coisas não estavam apenas estragadas e rasgadas. Estavam destruídas além de qualquer reparo. Ela se desmanchou em um monte de lágrimas. Uma dor que nunca sentira a dominou. Ela foi para a cama e pensou que ficaria lá para sempre.

Os dias de repente ficaram escuros. As noites passaram a ser muito longas. As horas pareciam se arrastar em períodos torturantes. Cada minuto era tão doloroso que ela se perguntava quanto tempo mais seu coração poderia continuar naquele ritmo batida após batida.

Então, um dia, ela se forçou a sair da cama. Talvez fosse a saudade de sua antiga carta. Talvez fosse apenas um desejo. Talvez fosse a forma mais pura e simples de esperança. Ela saiu de casa e encontrou os pedaços da carta de sua vida. Partes rasgadas falavam alto sobre a realidade das circunstâncias das quais ela não podia escapar. Mas, olhando de perto, ela descobriu algo maravilhoso. Embora a carta rasgada não pudesse ser lida em frases e parágrafos, as palavras isoladas ainda estavam claras.

Pedaço por pedaço, ela pegou os fragmentos de papel e os leu, uma palavra de cada vez. Muitas das palavras eram gloriosas. Absolutamente gloriosas. Sua vida ainda estava lá.

E, embora a carta nunca mais fosse ser lida exatamente da mesma forma que antes, pela primeira vez em muito tempo ela viu beleza. Reunindo os pedaços, ela começou a alinhá-los em fileiras. Palavras antigas, mas novas frases.

A carta de sua vida assumiu um novo significado. Toda a verdade que parecia ter sido destruída na antiga carta ainda estava lá.

Verdade ainda significava verdadeiro. Cheio de verdade.

Graça ainda significava gracioso. Cheio de graça.

Alegria ainda significava alegre. Cheio de alegria.

E beleza ainda significava belo. Cheio de beleza.

Era exatamente o que Deus continuava lhe sussurrando, mas ela não conseguia entender como algo tão rasgado poderia ser feito inteiro novamente. Às vezes, inteiro não significa ser remontado da maneira exata. Pois, se alguém descobre a plenitude dentro de cada pedaço rasgado, cada parte assume uma inteireza própria.

Então, pela primeira vez em muito tempo, ela sorriu. E, embora nunca tenha pensado que poderia ser feliz com uma carta lida em pedaços, uma palavra de cada vez, ela encontrou a plenitude em cada palavra e redescobriu sua vida.

Então, fechou todas as portas para sua antiga vida, pegou seus pedaços e, em completa plenitude, seguiu em frente.

Foi assim que minha vida aconteceu. Não consigo lembrar qual amiga pode ter inspirado essa história. Havia uma amiga? Ou eu apenas tomei liberdades criativas para escrever algo do meu coração que eu precisava expressar?

Como eu poderia ter escrito algo há tanto tempo que parecia prever o que eu nunca imaginei que passaria? Algum lugar profundo em minha alma sabia o que iria acontecer? Ou Deus, em sua misericórdia, pegou minhas mãos e, com gentileza, guiou meus dedos para digitar essa visão de tamanha esperança?

A outra coisa que me espanta é o quanto da redação corresponde ao que escrevi neste livro. Frases como "Ela acordou e descobriu que alguém em quem ela confiava muito havia, consciente e propositalmente... a chocado e ferido". Há também a menção a "rasgos e lágrimas" e "tristeza e alegria". Ela também "foi para a cama e pensou que ficaria lá para sempre". Embora as palavras não sejam as mesmas, é algo muito próximo para ser coincidência. E, então, o final... só Deus poderia ter planejado o final.

Ele fez questão de que eu visse isso. E tenho certeza de que intencionalmente mostrou essa história para mim antes que eu escrevesse as últimas palavras deste livro, porque queria que você também as visse.

Ele é confiável. Ele conhece nossa história do começo ao fim. Ele sabe exatamente onde estamos hoje. Ele está com você. E onde Deus está, o bem está acontecendo.

Apegue-se a ele com firmeza, e continue seguindo em frente, amiga. Existe um mundo enorme e incrível lá fora, novas alegrias que eu não quero que você perca, belas paisagens para descobrir. E muitas razões para se alegrar, rir e curtir as pessoas que você ama.

Em minha jornada, saí do luto e passei a provar a mim mesma que ainda posso amar minha vida e ser corajosa o suficiente para confiar de novo. Sou grata, estou me tornando plena, estou pronta para entrar nesta próxima fase sorrindo. E, quando chorar, verei isso como minha maneira de reconhecer que existiu um passado que eu amava.

Posso honrar memórias que foram boas e, ao mesmo tempo, caminhar em direção a um futuro desconhecido, mas cheio de esperança. Como escrevi em minha postagem no blog: “Palavras antigas, mas novas frases”. A carta da minha vida realmente assumiu um novo significado. O que ameaçou me quebrar apenas serviu para me deixar mais determinada. Viverei esta vida que Deus me confiou com plenitude, gratidão e admiração. E confio que você também viverá.

Capítulo bônus

Quando as organizações que deveriam ter me ajudado acabaram me ferindo

"Você tem hematomas? Ou pelo menos uma foto de uma época em que as ações dessa pessoa causaram hematomas?" Eu não conseguia acreditar no que estava ouvindo nesse telefonema com uma amiga de ministério que eu conhecia há muito tempo. Eu quis enviar para ela uma foto da cirurgia que eu havia feito no ano anterior.

Eu costumava me forçar a olhar para essa foto quando a pergunta "Será que estou louca?" ficava se repetindo dentro da minha cabeça. Quando os pedaços e fragmentos de evidências de contínua traição continuaram vindo à tona, mas minhas perguntas eram recebidas com acusações de que eu estava imaginando coisas ou até mesmo inventando-as, a única opção parecia ser abafar minhas preocupações. Até que, um dia, acho que abafei um pouco demais. O custo físico causado pelo trauma emocional foi enorme. Meu intestino se torceu em volta de si mesmo, cortando o fluxo sanguíneo, e, como resultado, eu tive que remover uma grande parte dele. O médico me mostrou a foto de como minhas entranhas estavam por dentro e perguntou: "O que está acontecendo? A maneira como seu intestino se torceu e mudou de lugar faz parecer que você sofreu um grave acidente de carro, mas você está me dizendo que não foi o caso".

Eu fiz que não com a cabeça. "Não houve um acidente", respondi, com minha boca estranhamente rígida e seca. Olhei para a foto da minha cirurgia e depois para o médico. Não sei por que, mas senti que não podia contar para ele. Ali estava o homem que havia acabado de salvar minha vida na cirurgia, porém eu apenas fiquei ali paralisada.

Eu guardei a foto. Ela me lembrava de que eu não estava louca.

Eu me imaginei dizendo para minha amiga no telefone: *"Não, eu não tenho fotos de hematomas, mas tenho uma cicatriz enorme que vai de um quadril ao outro e sobe até a metade do meu abdômen. E tenho uma foto das consequências físicas de um trauma emocional sério. Eu quase morri. Isso serve?"*

Mas minha boca não conseguiu formar essas palavras antes que ela disparasse mais perguntas. "Quero dizer, certamente você sabe que um relacionamento não se desfaz do nada. Houve momentos em que você provocou isso sendo desrespeitosa? E se você se esforçar para ir para casa e amá-lo mais, edificá-lo com suas palavras e ter mais sexo? Eu só acho que há algumas coisas que você poderia fazer melhor".

Mordi meu lábio inferior com muita força. Meu coração estava batendo como se eu estivesse correndo uma maratona, mas eu estava sentada perfeitamente imóvel. Tão imóvel, na verdade, que eu nem conseguia piscar.

Durante anos, investi meu coração e meu tempo em ajudar essa senhora a atingir seus objetivos ministeriais. Eu doei, servi e investi em sua organização, sem nunca pensar que ela me devia algo em troca. Mas, com certeza, nosso relacionamento significava mais para ela do que suas palavras e seu tom estavam refletindo.

Apertei meus dedos nos cantos internos dos meus olhos. Eu não queria chorar.

Antes mesmo da ligação, eu sabia que essa conversa seria difícil. Ela havia me enviado um e-mail informando que sua organização planejava promover o retiro de casais que eles estavam organizando usando meu casamento desfeito como exemplo.

Eu logo solicitei um telefonema. Agora ela continuava insistindo em perguntas sobre hematomas. A impressão que ela me dava era a de que, somente se tivesse havido abuso físico, eles reconsiderariam veicular os anúncios. Em outras palavras, abuso físico era a única maneira, na mente dela, de me dar o benefício da dúvida e legitimar a separação e o divórcio iminente. Por favor, me ouça: abuso físico é horrível. É indesculpável e danoso em todos os sentidos. Mas abuso emocional também é, e, infelizmente, nem sempre é reconhecido.

A líder com quem eu estava conversando nunca tinha passado pelo que eu estava enfrentando. Ela e o marido pareciam ter um casamento feliz. Toda a carreira ministerial dela havia se concentrado em ajudar as pessoas a trabalharem em seus casamentos e manterem suas famílias unidas. E a verdade era que ela e sua organização de fato ajudaram a salvar muitos casamentos depois que os casais participaram de seus retiros, leram seus livros e concluíram seus estudos bíblicos.

Eu sempre pensei que o trabalho de seu ministério fosse bom e honrado. Eu a respeitava e à sua organização há anos. Eu confiava neles. E eu presumi que eles seriam um lugar seguro para recorrer em busca de ajuda naquele momento de choque e dor.

Mas eu estava errada.

E o pior era que essa confiança quebrada não era apenas com minha amiga no telefone. Era com a organização inteira. Então, parecia muito maior e, de certa forma, pesado também. Essa é uma das partes mais frustrantes da dor organizacional. Empresas, igrejas, ministérios e escolas são feitos de pessoas. Às vezes, é apenas uma pessoa que nos machuca. Mas geralmente ela não age sozinha, o que faz parecer que toda a organização ficou contra você, ou que pelo menos está apoiando o líder que está fazendo escolhas dolorosas.

Aquela mulher era a mensageira, mas não estava agindo sozinha. Imaginei que havia outros sentados naquela reunião de marketing, pensando na frase de efeito sobre meu casamento desfeito. Mesmo que fossem apenas algumas pessoas, naquele momento, enquanto conversávamos, ela parecia ter o apoio de toda a sua equipe, e eu me senti pequena e sozinha. Parecia um exército enorme vindo contra mim. Essa é uma das partes que tornam a dor organizacional tão traumatizante. O poder de uma força coletiva vindo contra meu coração frágil parecia algo desprovido de compaixão.

Era como se houvesse uma cegueira que impedia um grupo inteiro de pessoas, que pareciam tão confiáveis e seguras, de ver como suas ações estavam se tornando cruéis. Acho que, quando decidi que não ficaria mais em silêncio sobre o que estava experimentando em meu casamento, eles temeram que isso prejudicasse sua imagem, já que as pessoas sabiam que havíamos participado de seus eventos e utilizado seus recursos.

Em nenhum momento naquela ligação as ações do meu futuro ex-marido foram abordadas. Em nenhum momento eles perguntaram o que poderiam fazer para me ajudar. Mesmo assim, não houve reconhecimento de erro, nem houve um pedido de desculpas.

Agora, por favor, me ouça: você está lendo minha versão dos acontecimentos sem a perspectiva de ninguém da organização. Eles cometeram um erro em minha situação, mas, sendo justa, sei que, ao que tudo indica, fizeram milhares de outras boas escolhas ao longo dos anos. Além disso, por favor, não se distraia tentando atribuir o que aconteceu comigo a organizações que você acha que podem ser responsáveis. Eu mudei detalhes pequenos o suficiente para nos ajudar a ficar focados em reconhecer o que pode acontecer dentro de grupos maiores. Meu objetivo aqui não é jogar lenha na fogueira da dor organizacional que possivelmente todas nós já experimentamos antes. Eu sei que você provavelmente está trazendo sua própria dor, confusão e perguntas para estas páginas. Mas eu também sei que é tentador querer ficar irritada e sair ao ataque, exigindo que os erros sejam corrigidos. Eu entendo. Mas não queremos abordar o pecado de maneiras que nos levem a pecar.

Meu objetivo é reconhecer a profunda desilusão que pode acontecer quando líderes em quem confiamos nos decepcionam, e, então, fazer a pergunta: "Como posso processar isso melhor?" Eu não quero ser cínica e carregar a dor que experimentei aqui para outros lugares. Não quero atribuir essa desconfiança a outros que não a merecem.

Ao mesmo tempo, não quero ter medo de abordar algumas das questões sistêmicas das quais estou ciente. Por exemplo, essa organização que encontrei não é o único lugar onde houve uma recusa em reconhecer que o abuso emocional é tão sério quanto é, e que deve ser levado em consideração ao dar aconselhamento. Você pode sentir o mesmo sobre algumas das questões que a preocupam.

Não queremos abordar o pecado de maneiras que nos levem a pecar.

Mal consigo ter uma conversa com alguém hoje em dia sem que o assunto de como é difícil confiar em organizações venha à tona. Funcionários estão desiludidos com suas empresas.

O sofrimento na igreja parece estar no auge. Doar para caridade parece arriscado, porque não temos certeza de como o dinheiro será realmente usado. Que motivações ocultas as pessoas em posições de influência podem ter? Será que influenciadores de mídia social gostam, de fato, daquele produto que estão promovendo? Será que políticos realmente planejam lutar para ajudar o povo se forem eleitos? Será que aquele líder que ensina sobre integridade vive mesmo de acordo com o mesmo padrão para o qual está chamando outros a viver? Será que aquela pessoa que está construindo a organização realmente se importa com a causa que está promovendo, ou está apenas construindo uma plataforma para se beneficiar? Será que meu chefe realmente quer ver minha carreira avançar, ou isso é somente uma promessa vazia para me fazer sempre ir além para beneficiar seus resultados financeiros?

Eu não sei. É provável que, na maioria das situações, a motivação humana, à medida que você descasca suas camadas, nunca será tão transparente como queremos que seja.

E, mesmo que fôssemos capazes de dissecar as motivações dos outros, possivelmente acharíamos difícil determinar onde o bem termina e os motivos egoístas começam. As ações deles podem ser uma mistura confusa de falta de consciência e perspectivas distorcidas. Talvez haveria um pouco de autoproteção mesclada com ambição egoísta. Mas também pode haver boas intenções. Ainda assim, quando estamos olhando para algo através das lentes da nossa própria dor, é provável que estejamos razoavelmente cegas para o bem que ainda está lá.

Poderíamos passar a vida inteira tentando descobrir por que as pessoas e organizações fizeram o que fizeram. Ou porque continuam fazendo o que fazem. Mas, para ser franca, de que adiantaria identificar o que acreditamos ser a razão de suas ações?

Se fomos feridas, não concordaremos com as razões deles. A dor organizacional é real e pode alimentar as chamas da desconfiança dentro de nós de forma tão intensa que questionamos todas as outras áreas da vida. Ela pode nos fazer querer desistir da carreira que amávamos, parar de ir à igreja, nos distanciar das causas em que acreditávamos, parar de votar, parar de doar e começar a fazer suposições negativas e genéricas sobre pessoas que ainda participam das organizações que nos causaram dor.

Em algum momento, o que mais nos machuca deixa de ser apenas o que aconteceu. É a história que contamos a nós mesmas sobre o que aconteceu e as desistências que fizemos depois. Eles quebraram nossa confiança. Mas eles não têm o poder de nos quebrar, a menos que decidamos que não podemos seguir em frente.

Posso fazer uma triste confissão que eu realmente não quero fazer? O que a organização fez comigo neste caso não foi nada perto da dor que eu causei a mim mesma depois.

Eu reprisei a conversa dezenas de vezes na minha cabeça. Eu me sentia incrivelmente justificada em dizer a mim mesma que eles eram pessoas horríveis. Pensei em ligar para eles de volta e ter um momento épico de satisfação, encontrando as palavras certas para abrir seus olhos para seus erros e, por fim, ouvi-los dizer o quão errados estavam. Eu imaginei que um dia eles experimentariam o mesmo tipo de traição que eu havia experimentado e finalmente perceberiam o quão cruéis suas ações tinham sido. Eu até imaginei o próprio Deus se dirigindo a eles com uma voz estrondosa do céu que os fizesse correr de medo.

E, quanto mais eu deixava esses pensamentos correrem livres pela minha mente, mais eu me transformava em alguém tão cruel quanto eles.

Comecei a me sentir justificada em pensar coisas que eu normalmente não pensaria, em fazer coisas que eu normalmente não faria, em dizer coisas que eu normalmente não diria, e em desejar coisas a eles que eu normalmente não desejaria a ninguém. Meus pensamentos se corroeram aos poucos, mas, quanto mais eu os deixava sem controle, mais naturais eles pareciam.

O ódio começou a parecer normal. *Deus, me ajude.*

O que começou como desconfiança se transformou em desgosto.

E, francamente, eu me tornei tão dura de coração e cruel com eles quanto eles foram comigo. O que eles fizeram foi errado, sem dúvida. Mas revidar com ódio, mesmo que fosse apenas em meus pensamentos, também era errado.

Quando algo doloroso acontece, imagino o inimigo se deliciando em ver pessoas ferindo umas às outras. Se conhecemos Jesus, Satanás não pode ter nossa alma, mas com certeza ele adora recrutar pessoas boas com dores não resolvidas para trabalhar para ele. Imitando o livro de C. S. Lewis, *Cartas de um diabo ao seu aprendiz,*[1] às vezes penso que o inimigo poderia escrever a seguinte carta instruindo um demônio a me distrair de ser a mulher que quero ser:

> *Você não precisa se preocupar em recrutá-la para fazer coisas ruins. Apenas continue cutucando sua dor não resolvida, e ela logo se*

---

[1] LEWIS, C.S. Cartas de um diabo a seu aprendiz. São Paulo: Thomas Nelson, 2017.

sentirá justificada em fazer e dizer todo tipo de coisas que normalmente não faria ou diria. Encha o feed da rede social que ela acompanha com imagens que a façam sentir intensamente a injustiça de sua situação. Alimente seu ceticismo cercando-a com outros que não confiam em organizações como a que a machucou. Deixe-a distraída demais para abrir a Palavra de Deus, a fim de que ela continue se alimentando da mentira de que sua amargura a protege e de que seus sentimentos de animosidade não são tão importantes assim. Mantenha-a cega para a maneira como agora ela anda por aí se sentindo tensa e defensiva. À medida que ela se torna cada vez mais irritadiça e impaciente com os erros diários dos outros, dê a ela um sentimento de superioridade de que os problemas são sempre culpa de outra pessoa.

A dor não resolvida em nosso interior será multiplicada por nós, a menos que façamos a escolha consciente de pará-la.

Então, posso lhe fazer uma pergunta delicada? Algum grupo ou organização em que você confiava e respeitava a machucou assim?

É horrível. Quer sua experiência inclua uma conversa dolorosa (como a minha) ou uma conversa que você gostaria de ter tido e não teve, a dor persiste. Eu não quero visar a mudanças de perspectiva antes de reconhecer que essas situações são muito sofridas.

O que eles fizeram não deveria ter acontecido. O que foi dito a você e sobre você nunca deveria ter sido dito. A maneira como você doou e investiu naquela organização deveria ter garantido mais cuidado e preocupação com você. Eles não deveriam ter partido seu coração. Eles não deveriam ter quebrado sua confiança. Líderes deveriam ter liderado melhor. Chefes deveriam ter cuidado melhor de você. Outros cristãos envolvidos deveriam ter sido honestos, justos, gentis, atenciosos e amorosos. Com tudo o que há em mim, sinto muito que eles não tenham sido assim. Lamento que toda essa situação dolorosa tenha ocorrido.

Não estou insinuando que isso deva ser varrido para debaixo do tapete. Se há coisas nesse grupo de pessoas que precisam ser abordadas, então, da melhor maneira possível, aborde-as. Mas não deixe que as pessoas que a machucaram agora reduzam seu futuro às limitações de viver magoada.

Só porque aquele ministério me machucou não significa que nenhum ministério é confiável.

Será que o mesmo se aplica à sua situação também? Não estou pedindo que você concorde com essa possibilidade ainda. Apenas pense nisso enquanto você continua lendo. Lembre-se, estou aqui ao seu lado, quero o melhor para você, e entendo que há muitas complexidades nas situações que lhe causaram uma tremenda dor. Parte do que torna a dor organizacional tão difícil é que pode parecer que eles são os poderosos. Eles apenas parecem seguir em frente sem perder o ritmo, enquanto nós lutamos desesperadamente. Queremos que eles assumam o que fizeram e consertem as coisas para que nosso mundo possa voltar ao lugar e possamos sentir algum senso de justiça.

Certo?

Mas o que eles fazem a partir daqui está completamente fora do nosso controle. E, se atrelarmos nossa capacidade de encontrar paz a escolhas que talvez nunca façam, estaremos basicamente dizendo que, daqui para frente, eles controlam a forma como vivemos.

Eles não merecem esse tipo de poder sobre você.

E se você e eu decidíssemos que já tiraram o suficiente de nós? O que poderia melhorar em sua vida e na minha se decidíssemos aceitar a serenidade de apenas seguir em frente?

Eu sei que seu cérebro pode estar disparando todas as razões pelas quais "apenas seguir em frente" parece um tapa na cara. Eu entendo. Mas sabe qual seria o resultado mais trágico de todos? Que a dor que eles nos causaram nos desviasse do que é melhor para nós. Sim, quebraram nossa confiança. Mas isso não deve significar que nos quebraram. Não devemos deixar que o que aconteceu nos impeça de sermos as expressões plenas e belas de nós mesmas e de quem Deus nos fez ser.

Por que daríamos esse tipo de poder às pessoas que dirigem organizações que já nos causaram dor? Por que quereríamos que essa situação de dor fosse a nova determinação de como vivemos, de no que acreditamos e de como vemos outras pessoas e outras instituições? Essas experiências dolorosas nos tornam, com razão, mais cuidadosas para não mergulharmos cegamente em um relacionamento com outra organização semelhante. Podemos aprender com nossa experiência passada e levar tal percepção conosco. Mas também podemos ser sábias e não deixar que o que aconteceu nos iluda com a ideia genérica de que todas as organizações semelhantes são dirigidas por pessoas más que pegam o que querem e depois jogam você fora.

Gostaria que estivéssemos sentadas juntas para que você pudesse ver a profunda compaixão nos meus olhos e ouvir a ternura na minha voz agora.

> *Só porque aquela igreja a machucou, não significa que todas as igrejas são ruins.*
> *Só porque alguns cristãos a decepcionaram, não significa que todos os cristãos têm más intenções.*
> *Só porque aquele emprego deu errado e aquele chefe foi um idiota, não significa que todos os líderes em sua vida devam ser tratados com ceticismo.*
> *Só porque aquela organização tomou uma péssima decisão, não significa que todas as organizações semelhantes devam ser evitadas.*
> *Só porque aquelas pessoas não cuidaram bem do seu coração, não significa que não existam pessoas incríveis por aí que a tratarão com amor.*

Em última análise, devemos decidir que não estamos mais interessadas em perpetuar a dor. Podemos decidir ajudar a resolver os problemas. Ou podemos decidir seguir em frente, deixando os problemas para trás. De qualquer forma, devemos decidir que, embora a dor tenha chegado até nós, não permitiremos mais que ela passe através de nós para os outros. Devemos decidir que alguém precisa ser corajosa o suficiente para dizer ao inimigo que a divisão e a animosidade que ele se deliciou em causar terminam hoje. E essa pessoa tão corajosa está olhando para você no espelho. A melhor maneira de refutar as coisas dolorosas que outros disseram e fizeram é seguirmos em frente e termos uma vida plena.

> *A melhor maneira de refutar as coisas dolorosas que outros disseram e fizeram é seguirmos em frente e termos uma vida plena.*

E sabe o que é necessário para viver essa vida plena? Devemos lembrar que existem leis sobrenaturais em ação, certezas que podemos ter. Assim como podemos ter certeza de que a lei da gravidade irá funcionar – toda vez que soltarmos um objeto, ele cairá –, também podemos contar com a lei de Deus da semeadura e da colheita. O que decidimos semear em nossa vida produzirá o que iremos colher.

Gálatas 6:7-10 nos lembra:

> *Não se deixem enganar: de Deus não se zomba. Pois o que o homem semear, isso também colherá. Quem semeia para a sua carne, da carne colherá destruição; mas quem semeia para o Espírito, do Espírito colherá a vida eterna. E não nos cansemos de fazer o bem, pois no tempo próprio colheremos, se não desanimarmos. Portanto, enquanto temos oportunidade, façamos o bem a todos, especialmente aos da família da fé.*

O que outras pessoas semearam em sua própria vida, elas colherão.

O que tentaram semear em sua vida não é o que você colherá, a menos que decida pegar as sementes ruins e plantá-las em seu próprio coração e mente.

Eu tive de repetir isso para mim mesma várias e várias vezes.

Se não queremos colher um futuro cheio de desconfiança relacional, perspectivas amargas, calúnia que parece justificada e nuvens escuras de negatividade, devemos escolher não plantar as sementes de mágoa não resolvida.

Eu quero muito mais para minha vida. E eu quero muito mais para sua vida também. Não fomos feitas para apenas semear e colher dor constante. Eu amo a maneira como Salmos 24:3-4 nos lembra de que fomos feitas para o alto: "Quem poderá subir o monte do Senhor? Quem poderá entrar no seu Santo Lugar? Aquele que tem as mãos limpas e o coração puro".

Quando a vida fica difícil, podemos nos sentir justificadas se nosso coração também se tornar duro e a lente através da qual vemos o mundo ficar manchada por dores passadas. Quando isso acontece, paramos de acreditar que o melhor ainda pode acontecer em nossas circunstâncias. Paramos de acreditar no melhor sobre as pessoas. Carregamos o mal que um grupo nos fez para outros relacionamentos e nos tornamos excessivamente cautelosas e desconfiadas de que a história se repetirá. Podemos facilmente começar a supor que essas outras pessoas, em outra organização, também nos machucarão e a atribuir a elas intenções erradas que elas não têm.

Mas, amiga, vamos fazer uma escolha diferente. Vamos semear melhor para que possamos colher melhor. Quando a vida ficar difícil, faça seu coração permanecer suave. Faça seus pensamentos permanecerem verdadeiros. Não fique preenchendo o desconhecido com os piores cenários. Não suponha o que os outros estão pensando. Você pode ouvir o seu discernimento. Se algo parecer estranho ou falso, faça perguntas, verifique as respostas e perceba que às vezes as pessoas não são honestas. Mas, ao mesmo tempo, lembre-se de que há muitas outras que são honestas e verdadeiras.

Ainda existem pessoas de bom coração. Pessoas que querem o melhor para você. Pessoas que se apegam à verdade da Palavra de Deus e encorajam com palavras sábias vindas dela. Conviva com elas. Aceite o presente que são.

Mesmo que a vida possa parecer diferente do que você pensava que seria, ela ainda pode ser incrivelmente bela. Decida aqui e agora que você vai manter seu coração suave e acreditar que ainda há bondade neste mundo, que ainda há pessoas, igrejas e organizações boas, que ainda há empregos bons.

Como sei que isso é verdade?

Porque isso acontece comigo e com você. Não somos perfeitas... mas somos mulheres que tomaram a decisão de serem intencionais em semear sementes boas, confiáveis e honradas. Agora, vamos investir sabiamente no próximo lugar em que aterrissarmos. A bondade que semeamos será um grande presente para os outros. Mas também é um presente para nós mesmas, porque, quando deitarmos a cabeça no travesseiro a cada noite, apesar do que os outros fizeram naquele dia, teremos a doce serenidade que Deus dá àqueles que têm mãos limpas e um coração puro.

Só mais uma coisa...

Vamos nos aprofundar um pouco mais sobre a dor na igreja. Às vezes, o que faz as experiências dolorosas na igreja doerem mais é não ter acesso aos líderes e, portanto, não ter a oportunidade de ter uma conversa em que podemos expressar nossas preocupações. Também pode ser difícil descobrir quem dentro da organização é uma pessoa segura que queira ouvir e esteja disposta a conversar.

Quando não podemos falar do que aconteceu, pode parecer que a solução é impossível. No entanto, a intensidade da dor tem uma energia motriz que nos faz buscar validação de

Mesmo que a
vida possa parecer
diferente do que você
pensava
que seria, ela
ainda pode ser
incrivelmente bela.

que as coisas foram tratadas de forma errada. Em um esforço para "tirar isso do nosso peito", saímos falando sobre esse assunto. É verdade, fazemos isso, sim! Mas é aqui que temos de ser muito cuidadosas. Pedir para processar a dor com algumas pessoas seguras em nossa vida é muito diferente de usar essas conversas para se vingar com palavras duras.

Processar tem o propósito de curar o que nos machucou enquanto buscamos seguir em frente de maneira saudável. A retaliação verbal tem o propósito de recrutar outros para se juntarem a nós na destruição da igreja.

Não estou dizendo que não devemos usar nossa voz, e sim que façamos uma pausa e pensemos sobre o que realmente queremos.

Talvez queiramos justiça e uma solução que corrija o que está errado.

Talvez queiramos que os líderes da igreja peçam desculpas e aprendam com isso, para que nossa dor não pareça inútil.

Talvez queiramos ver compaixão no rosto do pastor, algo que nos garanta que, mesmo que esta situação tenha corrido mal, ele ainda é bom... seus sermões eram legítimos... ele está disposto a fazer a o que é certo, como presumimos que alguém nesta posição deveria fazer... e os anos que investimos em ajudar a construir este ministério não foram um desperdício.

Honestamente, acho que queremos saber, ainda mais quando se trata de pessoas que fazem a obra de Deus, que não é tudo uma farsa. E pode ser muito fácil concluir que o fato de alguns do "povo de Deus" não serem confiáveis significa que a igreja como um todo não é confiável.

Mas digamos que essas conversas não sejam possíveis e que a reconciliação seja muito improvável. Quais são nossas opções?

Podemos decidir ficar nessa igreja e trabalhar para superar o que aconteceu. Podemos traçar limites saudáveis para não sermos magoadas da mesma forma de novo. Podemos buscar ser uma luz e um exemplo de como é estar tão perto de Cristo que comportamentos errados dos outros não nos derrubam.

Ou podemos ficar e tentar ser um canal de mudança. Tenho uma amiga próxima que viu sua igreja inteira sabiamente se transformar em relação a mulheres que se sentem inseguras no casamento. Desde a alta liderança até os líderes leigos, todos foram treinados a ajudar mulheres que estão em casamentos destrutivos. E tudo por causa de uma mulher que ficou e defendeu essa causa por mais de 20 anos até ver aquilo pelo qual estava orando acontecer.

Outra opção que temos é decidir sair da igreja e tirar um tempo para nos curarmos, com a intenção de que essa não seja uma ruptura permanente com todas as igrejas. Podemos pedir que nossos amigos nos cobrem até encontrarmos um grupo de crentes do qual possamos fazer parte outra vez.

Ou podemos nos afastar da igreja de forma geral, concluindo que simplesmente não vale a pena nos abrirmos mais uma vez, já que podemos ter nossa confiança quebrada de novo.

Eu não estou aconselhando você a ficar ou sair. Eu oro para que não se afaste da igreja para sempre, mas não quero lhe dizer o que fazer. Só quero fazer com que pense e ore sobre essas muitas opções.

Agora, imagine cada um desses cenários. Para onde cada uma dessas escolhas leva você? Qual será o custo-benefício de cada escolha? E o mais importante: para onde Deus está lhe guiando?

Pensando sobre o princípio da semeadura e da colheita, se eu quero me tornar cada vez mais como Cristo, não posso me afastar cada vez mais de sua Igreja. Jesus conhecia as lutas que enfrentaríamos e nos deu o presente da Igreja para ser a rede de apoio que precisaríamos durante nossa vida neste mundo cheio de pecado.

Na semana passada, eu estava na igreja e deixei as músicas de louvor me envolverem. Eu fiquei tão emocionada que pensei que não há outro lugar no mundo que se pareça tanto com o céu. Sim, eu fui ferida por uma líder ministerial. Mas não por Jesus. Eu fui ferida, mas não pelo seu plano para a Igreja. Fui ferida, mas não por todos os líderes no ministério.

Fiquei feliz que a parte de louvor e adoração do culto durou mais do que o normal naquele domingo. Sinceramente, não queria que terminasse. Respirei toda aquela bondade e agradeci a Deus por não ter ficado em casa.

Material bônus

Um histórico de confiança:
10 verdades bíblicas para lembrar da fidelidade de Deus

Quando lutamos para confiar no Senhor, devemos lembrar nosso coração de que Deus é quem ele diz que é, e fará o que ele diz que fará. Seu caráter é sempre uma promessa para nós, isto é, algo com que podemos contar constantemente, não importa quão incertas nossas circunstâncias possam parecer. De fato, ele estabeleceu um histórico de confiabilidade nas páginas das Escrituras, ao qual podemos recorrer para enxergar sua presença em nossa vida. Aqui estão dez verdades para orar quando você estiver lutando para entregar a Deus situações sobre as quais tem muitas perguntas, ou que não parecem fazer sentido algum.

Verdade 1:

"Deus não é homem para que minta, nem filho de homem para que se arrependa. Acaso ele fala, e deixa de agir? Acaso promete, e deixa de cumprir?" (Números 23:19)

Ore:

Senhor,
Confesso que muitas vezes comparo sua confiabilidade com o que experimentei em meus relacionamentos com os outros. Mas sua Palavra me lembra de que o Senhor não é como os seres humanos; o Senhor sempre diz a verdade, é sempre o mesmo, sempre cumpre o que promete, sempre mantém suas promessas. Quero que essas verdades penetrem profundamente

em minha alma e consolem meu coração enquanto luto contra minhas dúvidas de que o Senhor me ajudará de fato. Ajude-me a lembrar que, só porque as pessoas me feriram, não significa que o Senhor fará o mesmo.
Em nome de Jesus, amém.

Verdade 2:

"Assim sendo, aproximemo-nos do trono da graça com toda confiança, a fim de recebermos misericórdia e encontrarmos graça que nos ajude no momento da necessidade." (Hebreus 4:16)

Ore:

Pai,
O Senhor é bom. Obrigada por abrir um caminho para que eu possa ir ao Senhor com cada necessidade, oração, esperança e desejo. Saber que o Senhor me convida abertamente à sua presença me faz sentir segura e aceita, mesmo quando as circunstâncias me deixam com medo e sozinha. Sou muito grata pelos presentes de misericórdia e graça que o Senhor me dá tão livremente. O Senhor é fiel, e eu sempre o verei como a fonte da minha ajuda.
Em nome de Jesus, amém.

Verdade 3:

"Não andem ansiosos por coisa alguma, mas em tudo, pela oração e súplicas, e com ação de graças, apresentem seus pedidos a Deus. E a paz de Deus, que excede todo o entendimento, guardará os seus corações e as suas mentes em Cristo Jesus." (Filipenses 4:6-7)

Ore:

Senhor,
Estou parando agora mesmo para trazer cada pensamento ansioso ao Senhor. Neste momento, abro minhas mãos simbolicamente para deixar ir embora tudo a que tenho me agarrado e que o Senhor me pediu para liberar. Estou colocando estas preocupações, pedidos de oração, problemas de confiança e relacionamentos difíceis aos seus pés, plenamente consciente de que o Senhor está no controle. Reconheço que sou impotente para controlar os outros. Peço a paz sobrenatural que só o Senhor pode proporcionar para proteger tanto o meu coração quanto a minha mente, e peço seu poder para resistir a pegar estas preocupações de volta.
Em nome de Jesus, amém.

Verdade 4:

"O Senhor é misericordioso e justo; o nosso Deus é compassivo." (Salmos 116:5)

Ore:

Pai,
Às vezes, meu coração é tentado a esquecer tudo o que o Senhor fez por mim, especialmente quando estou lidando com uma situação que parece que nunca vai melhorar. Mas agora, como um ato de confiança, quero declarar estas verdades em voz alta: o Senhor é gracioso, justo e cheio de compaixão. Senhor, eu sei que me ama e cuida de mim a cada segundo de cada dia. Mesmo quando minhas circunstâncias e sentimentos me imploram para duvidar do Senhor, eu sei que é fiel. Ajude-me a viver acreditando nisso, não importa o que eu enfrente. Em nome de Jesus, amém.

Verdade 5:

"Conduzirei os cegos por caminhos que eles não conheceram, por veredas desconhecidas eu os guiarei; transformarei as trevas em luz diante deles e tornarei retos os lugares acidentados. Essas são as coisas que farei; não os abandonarei." (Isaías 42:16)

Ore:

Senhor,
Sua Palavra me dá tanta esperança. Quando leio que o Senhor se fez presente junto ao seu povo ao longo da história, isso me ajuda a ver

Não andem ansiosos por coisa alguma, mas em tudo, pela oração e súplicas, e com ação de graças, apresentem seus pedidos a Deus. E a paz de Deus, que excede todo o entendimento, guardará os seus corações e as suas mentes em Cristo.

que o Senhor também se faz presente junto a mim. Hoje, peço que me guie pelo caminho desconhecido à minha frente. Oro para que torne impotente o mal que ameaça me dominar, iluminando seus esquemas e mentiras pecaminosos. O que é trazido à luz não pode mais correr solto nas trevas. Confio que o Senhor irá adiante de mim para resolver os detalhes antes que eles me sobrecarreguem. O Senhor é um Deus confiável e eu não o ultrapassarei.

Em nome de Jesus, amém.

Verdade 6:

"Das alturas estendeu a mão e me segurou; tirou-me das águas profundas. Livrou-me do meu inimigo poderoso, dos meus adversários, fortes demais para mim. Eles me atacaram no dia da minha desgraça, mas o Senhor *foi o meu amparo. Ele me deu total libertação; livrou-me porque me quer bem." (Salmos 18:16-19)*

Ore:

Deus,

Eu já o vi me segurar e me tirar de águas profundas em tantas situações antes. O Senhor me ajudou quando outros foram contra mim. O Senhor tem sido meu apoio máximo, sempre presente para mim, mesmo quando meu coração se desvia do Senhor. Obrigada, Deus, por

ser meu Resgatador e por cuidar de mim tão intimamente.
Em nome de Jesus, amém.

Verdade 7:

"Deus é a minha salvação; terei confiança e não temerei. O Senhor, sim, o Senhor é a minha força e o meu cântico; ele é a minha salvação!" (Isaías 12:2)

Ore:

Pai,
Quero tomar emprestados os sentimentos de Isaías aqui e declarar sua Palavra sobre minhas hesitações e medos: "Deus é a minha salvação; terei confiança e não temerei. O Senhor, sim, o Senhor é a minha força e o meu cântico; ele é a minha salvação!" Sim, Senhor, eu certamente depositarei toda a minha confiança no Senhor, que provou ser fiel vez após vez, e por isso sou grata.
Em nome de Jesus, amém.

Verdade 8:

"Ao homem pertencem os planos do coração, mas do Senhor vem a resposta da língua. Todos os caminhos do homem lhe parecem puros,

mas o Senhor avalia o espírito. Consagre ao Senhor tudo o que você faz, e os seus planos serão bem-sucedidos." (Provérbios 16:1-3)

Ore:

Senhor,
Admito que desejo que muitas coisas aconteçam de certa forma em minha vida e que fiz muitos planos, às vezes sem o consultar primeiro. Mas, agora, quero reconhecer plenamente que o Senhor tem a última palavra; seus planos são muito melhores que os meus. Mesmo quando não entender o que está fazendo, permanecerei a seu lado e declararei diariamente que confio no Senhor. Entregarei tudo o que faço ao Senhor e seguirei sua fiel orientação no caminho perfeito que determinou, e não naquele que criei por conta própria.
Em nome de Jesus, amém.

Verdade 9:

"Jesus Cristo é o mesmo, ontem, hoje e para sempre." (Hebreus 13:8)

Ore:

Jesus,
É tão difícil viver em um mundo onde as coisas estão constantemente mudando: empregos, finanças, relacionamentos, sentimentos, dinâmicas familiares, política. Tudo pode ser

demais às vezes, como se eu não pudesse contar com nada para permanecer estável. E só porque alguém parece verdadeiro hoje não significa que sempre será uma pessoa íntegra. Mas estou aprendendo que eu nunca deveria depender de nada nem de ninguém nesta vida para ser minha fonte de estabilidade, somente do Senhor. Em meio à incerteza, sua presença é certa. Em meio à mudança, o Senhor permanece imutável. O Senhor é o mesmo ontem, hoje e para sempre, e isso me traz paz.
Em seu nome, amém.

Verdade 10:

"Pois os olhos do Senhor estão atentos sobre toda a terra para fortalecer aqueles que lhe dedicam totalmente o coração." (2Crônicas 16:9)

Ore:

Deus,
Eu quero ser alguém com um coração totalmente comprometido com o Senhor. Embora pessoas tenham quebrado minha confiança e as circunstâncias da vida tenham me derrubado de tantas maneiras, eu escolho me voltar para o Senhor para obter a força de que preciso hoje e todos os dias. Só o Senhor tem um histórico perfeito de confiabilidade, e estou aprendendo a não apenas ficar bem com isso, mas a encontrar grande conforto nisso.
Em nome de Jesus, amém.

Recados da Lysa

Obtendo a ajuda de que você precisa

Querida amiga,

Para algumas mulheres, este livro será exatamente o que precisavam para lidar com a confiança quebrada e obter cura. Para outras, este livro pode ser um guia para reparar a confiança que foi danificada. Mas, para outras, este livro pode ajudar a ver que a desconfiança é, na verdade, a escolha mais sábia que se pode fazer. Como não sou conselheira profissional e este livro não substitui terapia, saiba que existem realidades difíceis na vida com as quais você vai querer a ajuda de um psicoterapeuta ou um conselheiro cristão habilitado. Seja sincera sobre sua necessidade de aconselhamento. Sou muito grata aos profissionais que amorosamente me ajudaram a passar pelos meus dias mais sombrios. Sempre foi importante para mim que os conselheiros profissionais que consultei tivessem um relacionamento pessoal comprometido com Jesus e entendessem que a batalha deve ser travada tanto no reino físico quanto no espiritual. Um ótimo recurso para encontrar um conselheiro cristão em sua região é a Associação Brasileira de Conselheiros Bíblicos (ver abcb.org.br). Com conselheiros em todo o país, seu desejo é conectar pessoas que sofrem com pessoas que ajudam.

Estou orando por você, querida amiga.

Com muito amor,
Lysa

Pontos importantes a considerar sobre abuso

Algumas vezes ao longo deste livro, falei que abuso e comportamento disfuncional não são justificáveis. Por ter lido tanto sobre minhas experiências pessoais, você sabe que sou terna e compassiva com todas que enfrentam circunstâncias relacionais destrutivas. Quero fornecer esta informação tanto como forma de compaixão e esclarecimento sobre o que é abuso quanto como uma forma de você poder encontrar ajuda se estiver em uma situação abusiva.

Em um artigo publicado pela *Psychology Today*, encontrei esta definição de abuso:

> *O abuso dentro das famílias é cheio de detalhes comportamentais e é emocionalmente complexo. Em todos os casos, é dentro de uma dinâmica de poder e controle que o abuso emocional e físico é perpetuado.*
> *O abuso pode se manifestar de forma física (atirar coisas, empurrar, agarrar, bloquear o caminho, dar tapas, bater, arranhar; causar hematomas, queimaduras, cortes, feridas, fraturas, danos a órgãos e lesões permanentes; ou até mesmo matar), sexual (sugestionar interesse romântico, flertar; forçar contato físico indesejado ou inapropriado como beijos, carícias de partes sexuais, sexo oral ou qualquer tipo de atividade sexual forçada) ou emocional (negligência, assédio, vergonha, ameaças, truques maliciosos, chantagem, punições*

> *injustas, tarefas cruéis ou degradantes, confinamento, abandono).*[1]

Então, o que a Bíblia diz sobre abuso e o que fazemos a respeito? Vamos ver o que Paulo escreveu a Timóteo:

> *Saiba disto: nos últimos dias sobrevirão tempos terríveis. Os homens serão egoístas, avarentos, presunçosos, arrogantes, blasfemos, desobedientes aos pais, ingratos, ímpios, sem amor pela família, irreconciliáveis, caluniadores, sem domínio próprio, cruéis, inimigos do bem, traidores, precipitados, soberbos, mais amantes dos prazeres do que amigos de Deus, tendo aparência de piedade, mas negando o seu poder. Afaste-se também destes. (2Timóteo 3:1-5)*

Sou grata por versículos como esses, que claramente afirmam que devemos evitar pessoas abusivas. Mas a maneira como evitá-las na prática é muito complexa. É impossível criar uma solução abrangente para relacionamentos difíceis. Há muitos fatores que devem ser resolvidos com pessoas treinadas para reconhecer o perigo e para ajudar aqueles em situações abusivas a saber o que fazer e como fazer.

Aqui estão algumas coisas a considerar:

- É bom ter pessoas sábias por perto, nos aconselhando, e processar as preocupações da vida com mentores

---

1 EDWARDS, Blake Griffin. "Secret Dynamics of Emotional, Sexual, and Physical Abuse", *Psychology Today*, 23 fev. 2019.

piedosos e amigos de confiança. Este é um bom versículo para ajudar a identificar pessoas sábias próximas a você:

> *Quem é sábio e tem entendimento entre vocês? Que o demonstre por seu bom procedimento, mediante obras praticadas com a humildade que provém da sabedoria. Contudo, se vocês abrigam no coração inveja amarga e ambição egoísta, não se gloriem disso nem neguem a verdade. Esse tipo de "sabedoria" não vem do céu, mas é terrena, não é espiritual e é demoníaca. Pois onde há inveja e ambição egoísta, aí há confusão e toda espécie de males. Mas a sabedoria que vem do alto é antes de tudo pura; depois, pacífica, amável, compreensiva, cheia de misericórdia e de bons frutos, imparcial e sincera. O fruto da justiça semeia-se em paz para os pacificadores. (Tiago 3:13-18)*

- Esses amigos de confiança e mentores piedosos que compartilham sabedoria conosco podem nos ajudar a reconhecer comportamentos que ultrapassam limites e devem ser levados à atenção de um psicoterapeuta ou conselheiro profissional experiente no problema específico, ou, em situações mais urgentes, à atenção das autoridades.

Se você precisar encontrar um conselheiro cristão profissional em sua área, a Associação Brasileira de Conselheiros Bíblicos tem boas recomendações, ou sua igreja também pode ter uma lista de conselheiros cristãos confiáveis recomendados.

Amiga, por favor, saiba que você é amada, não está sozinha e não precisa passar por isso sem ajuda. Lembre-se: a pessoa que está machucando você precisa de um tipo de ajuda que somente profissionais treinados podem lhe dar. Envolver autoridades competentes não é ser desamoroso... é, na verdade, para sua segurança e a dela.

Agradecimentos

Uma das partes mais difíceis da minha jornada de cura foi deixar que ela acontecesse a seu tempo. Eu queria acelerar minha cura. Queria saber quanto tempo mais a dor duraria. Eu estava muito cansada emocional, física e espiritualmente. Percebi que a cura levaria tempo. Também percebi que o tempo não cura todas as feridas. É o que plantamos ao longo dos anos que determina se seremos curadas ou não.

Não existe uma fórmula para esta jornada. E não podemos esperar que Deus faça as coisas do nosso jeito e no nosso tempo. Nesse espaço sagrado entre as ruínas e os vislumbres de restauração, devo aceitar o mistério de Deus.

E não apenas aceitá-lo, mas ser grata por ele.

Eu nunca mais quero limitar minha vida aos resultados que desejo. Em vez disso, quero viver na expectativa da bondade de Deus. Ela já está presente. Nós só temos que nos esforçar para enxergá-la.

Nos dias em que fico cega com minhas lágrimas, os amigos a seguir são aqueles que se sentam na minha cama e choram comigo, depois pegam minha mão e dizem: "Vamos. As coisas não serão como você esperava, mas vai dar certo. E alguns dias serão maravilhosos".

Há muitas pessoas cujas impressões digitais poderiam ser encontradas ao longo destas páginas. Seria necessário outro livro inteiro para agradecer devidamente a todas as pessoas que caminharam ao meu lado, oraram por mim, processaram esta mensagem comigo e até mesmo compartilharam suas próprias experiências, que fizeram parte da escrita deste livro. Sou eternamente grata a vocês, pela amizade e pela honra de viver a vida com vocês.

À equipe que trabalhou ao meu lado dia após dia na escrita deste livro: mais do que me ajudar a acertar as palavras, vocês me ajudaram a viver esta mensagem.

Eu tinha resistência, vocês ofereceram segurança.

Eu tinha dúvidas, vocês ofereceram confiança.

Eu tinha muitas incertezas, vocês ofereceram sinais positivos e entusiasmo de que este era o novo livro que eu deveria escrever.

Eu tinha conjugações verbais erradas, vocês ofereceram habilidades editoriais.

Eu tinha erros ortográficos e metáforas confusas, vocês ofereceram emojis sorrindo com suas correções.

Eu tinha perguntas teológicas e terapêuticas, vocês ofereceram respostas bem-pesquisadas.

Eu tinha arquivos desorganizados, vocês ofereceram a beleza do Google Docs.

Eu tinha desvarios em que me perdia em meus excessos de reflexão, vocês ofereceram conversas, processaram pensamentos comigo e me deram ótimas ideias.

Eu amo vocês. Eu amo trabalhar com vocês, conversar sobre a vida, ser sincera sobre nossas lutas, estudar ao seu lado e celebrar nossas vitórias juntos. E estou muito feliz que tenhamos conseguido comunicar esta mensagem... juntos.

> *A Chaz: Você me ajudou a ver que, embora a confiança quebrada seja brutal, ela também pode ser a parte mais bonita da restauração. Eu achava que não seria capaz de me sentir segura o suficiente para deixar meu coração se abrir para um novo casamento, uma nova vida. Obrigada por sua paciência infinita e*

seu abraço sempre disponível. E por me ajudar a lembrar que a vida pode ser divertida.

A todos os meus filhos: Vocês viveram esta mensagem ao meu lado. Nós não apenas sobrevivemos, mas decidimos prosperar. Que vida linda que emergiu das cinzas mais escuras! Um agradecimento especial a Hope e Michael, que não apenas viveram esta mensagem, mas também ajudaram a desenvolver o conteúdo.

A Meredith, Leah, Shae, Amanda, Joel, Jim, Candace e Mel: Às vezes, não sei onde minhas palavras terminam e as suas começam. Cada parágrafo deste livro foi processado e escrito ao lado de vocês. Como posso agradecê-los por serem a equipe mais incrível e meus melhores amigos? Eu amo vocês.

A Madi, Kaley, Tori, Kelsie, Karen, Anna, Haley, Victoria, Melanie, Morgan, Claire, Stephanie, Jamie, Esther, Nicole, Jasmine, Bethany, Crystal Barb, Glynnis, Jessica, Janene, Andrew, Bria, Dave, Don, MacKenzie, Kristen, John, Emily, Flavia.

E um agradecimento especial ao meu Grupo de Leitores Antecipados que leu a versão mais antiga deste manuscrito e me ajudou a transformá-lo em um livro que vale a pena ler.

Anotações

Este livro foi impresso pela Leograf, em 2025,
para a Thomas Nelson Brasil. O papel do miolo é pólen
natural 70g/m², e o da capa é cartão 250g/m².